AF423801

Escapando del laberinto del abuso espiritual

EDICIONES UNIVERSIDAD CATÓLICA DE CHILE
Vicerrectoría de Comunicaciones
Av. Libertador Bernardo O'Higgins 390, Santiago, Chile
editorialedicionesuc@uc.cl
www.ediciones.uc.cl

Escapando del laberinto del abuso espiritual.
Cómo crear culturas cristianas sanas.
Lisa Oakley y Justin Humphreys

*Escaping the Maze of Spiritual Abuse: Creating Healthy Christian
Cultures,* London 2019 (spck.org.uk)

Versión española
© Inscripción N° 2021-A-5024
Derechos reservados
Junio 2021
ISBN N° 978-956-14-2827-0
ISBN digital N° 978-956-14-2828-7

Portada: laberinto de la catedral de san Martín de Lucca, Italia
Diseño: Χάριτος γραφική
Impresión: Salesianos

CIP-Pontificia Universidad Católica de Chile

Oakley, Lisa, autor.
Escapando del laberinto del abuso espiritual: cómo crear culturas
cristianas sanas / Lisa Oakley y Justin Humphreys; edición española
preparada por Samuel Fernández; traducción de Melissa Chávez
Argandoña, English UC Language Center.
Incluye bibliografía.

1.   Vida cristiana.
2.   Autoridad – Aspectos religiosos – Cristianismo.
I.   t.
II.   Humphreys, Justin, autor.
III.   Escaping the Maze of Spiritual Abuse: Creating Healthy
        Christian Cultures. Español

2021   248.4 + DDC23   RDA

Escapando del laberinto del abuso espiritual

Cómo crear culturas cristianas sanas

Lisa Oakley y Justin Humphreys

Contenidos

Siglas

LO   Lisa Oakley, *The Experience of Spiritual Abuse in the UK Christian Church*. PhD, Manchester Metropolitan University, 2009.

O&K   Lisa Oakley – Kathryn Kinmond, *Church Experience Survey*, investigación realizada entree 2021 y 2013.

O&H   Lisa Oakley – Justin Humphreys, *Understanding Spiritual Abuse in Christian Communities*, investigación realizada en 2017.

Prólogo a la edición en español

Lisa Oakley y Justin Humphreys han escrito un libro pionero y, a la vez, de alerta, análisis y reflexión sobre el abuso espiritual en ambientes religiosos. L. Oakley ya había publicado en conjunto con Kathryn Kinmond, *Breaking the Silence on Spiritual Abuse* (Palgrave Macmillan, 2013), una amplia investigación académica sobre abuso espiritual, pero se le había solicitado insistentemente que escribiera un libro similar al alcance del público general. Su coautor, J. Humphreys ha sido responsable de una plataforma de consejería, prevención y educación en abuso espiritual llamada *thirtyone:eight*, que hace referencia al versículo 31,8 del libro de los Proverbios, "abre tu boca en favor del que no tienen voz, por los derechos de todos los desvalidos", que es un esfuerzo por construir ambientes eclesiales sanos y seguros. El resultado ha sido un libro fresco, ágil y accesible, de enorme utilidad para grupos religiosos de diferentes confesiones, educadores y líderes religiosos, y también terapeutas que deben lidiar con traumas asociados a la coerción espiritual.

El abuso espiritual es una forma del abuso emocional y psicológico que, no obstante, utiliza los recursos que provee la religión para ejercer coacción sobre personas y grupos. Ofrecer una definición precisa de abuso espiritual ha debido afronta una doble tensión. Por una parte, la que proviene de las iglesias, que le preocupa asociar ambos términos (puesto que el espíritu es el vehículo característico de la libertad) y que buscan trazar el límite respecto de una labor de la guía espiritual que implica muchas veces obediencia y resignación. ¿Dónde se trazan los límites para las exigencias de obediencia, mansedumbre y humildad que son propias de la vida religiosa? Y, por otra parte, los especialistas que no ven razón para agregar algo específico a las definiciones corrientes de abuso emocional y psicológico, y rara vez sopesan las particularidades de la coacción religiosamente motivada. En el desfiladero de ambas objeciones, los autores han logrado sacar adelante el concepto de abuso espiritual y han abierto un área de investigación, alerta e intervención que lleva consigo la promesa de crear ambientes de vida y de dirección espiritual más sanos para todas las obras religiosas, parroquias, conventos, colegios y residencias.

Tras una larga actividad de investigación empírica, este libro es capaz de identificar con cierta precisión los síntomas propios del control coercitivo. Algunos de estos síntomas se repiten por doquier: la presión del líder para proporcionar cada vez más tiempo y servicio para la obra (ojalá dedicación exclusiva), la exacerbación de la unidad de creencias del grupo (todos debemos pensar lo mismo), la intolerancia frente al disenso (no haga preguntas), la exigencia de guardar silencio sobre lo que sucede dentro del grupo (la ropa sucia se lava en casa), la petición de rendir cuentas sobre cada cosa, de manera frecuente y minuciosa, el sentimiento de pertenecer a un grupo selecto y exclusivo (portador de ideas y un modo de vida superior al del resto). Pero hay especificidades del abuso propiamente espiritual comenzando por el uso coercitivo de las Escrituras para fundamentar exigencias de obediencia y docilidad indebidas, hasta extremos como el uso de 2 Samuel 7,14: "Yo seré para él un padre y él será para mí un hijo. Y si hace mal, le castigaré con vara de hombres y con golpes de hombres". La invocación del nombre de Dios, el uso de la vocación ministerial para imponerse sobre los demás, o la amenaza de consecuencias espirituales para quienes disienten son diversas formas de presión que configuran propiamente el abuso espiritual. Este libro está basado casi enteramente en la experiencia de la iglesia anglicana, donde las Escrituras juegan un rol preponderante y la apelación del ministerio pastoral es menos apremiante para los fieles (aunque se previene respecto de la "adoración del pastor"). Por ello, este libro no ofrece una reflexión específica sobre las condiciones institucionales del abuso espiritual en ámbito católico, pero abre una línea de investigación fructífera que puede ser aprovechada para un análisis comprensivo y comparado en diversas confesiones religiosas.

Este libro muestra su principal fortaleza no solamente en la definición y delimitación cuidadosa del concepto de abuso espiritual, sino en su propuesta acerca de las condiciones para crear una cultura sana y segura en ambientes religiosos. En esto se aprovecha la vasta experiencia de consejería y prevención de *thirtyone:eight*. Una cultura organizacional debe promover conductas reflexivas, compartidas y sostenidas en el tiempo, que se vuelven una práctica corriente en los grupos religiosos. No basta con escribir manuales de prevención ni ofrecer recomendaciones de buenas prácticas. Un ambiente eclesial saludable debe animar a todas las personas a conservar su libertad de actuar y pensar (algo que se muestra en la posibilidad real de disentir en la organización), contar con mecanismos regulares de supervisión, brindar medios de apoyo para quienes experimentan problemas, exigir una formación adecuada para quienes ejercen posiciones de liderazgo (entre otras cosas, porque se ha visto que mucho del abuso se produce sin malicia ni premeditación) y propender hacia una toma de conciencia general acerca de la realidad del abuso espiritual que aumente la alerta y la capacidad de respuesta. Un amplio abanico de observaciones que provienen de la experiencia de muchísimos casos de abuso analizados por los autores y una miríada de consejos muy detallados sobre la manera de reconocer y actuar sobre los síntomas de abuso dan la tónica de un libro indispensable para abrir la reflexión sobre el abuso espiritual que también se ejerce en nuestros ambientes eclesiales y que necesitamos urgentemente evitar y prevenir.

Eduardo Valenzuela
Centro CUIDA
Pontificia Universidad Católica de Chile

Presentación por Mark Stibbe

Para mí el 2017 fue un año traumático. Justo antes de que comenzara, Cathy Newman de *Channel 4 News* me pidió que nos reuniéramos para conversar sobre John Smyth, consejero de la reina ya retirado al que estaba investigando. Cuando recibí su correo electrónico fue un shock escuchar su nombre de nuevo. John Smyth había sido un referente en los campamentos cristianos a los que asistí en Iwerne Minster, Dorset, a finales de los años 70 y principios de los 80. Mucha gente lo conocía por ser la mano derecha de la activista social Mary Whitehouse en la misma época, a quien ayudó a procesar a aquellos que consideraba culpables de blasfemia e inmoralidad. Algunas personas lo conocían como un orador cristiano popular y dinámico dentro del mundo anglicano-evangélico conservador. Otros, unos 20 de nosotros, lo conocíamos como un abusador de hombres jóvenes y niños durante nuestra época escolar y universitaria. Cuando Cathy me llamó, me fui a pique. Con el trauma ya enterrado, casi no había pensado en él durante 35 años y mucho menos hablado de lo que sucedió.

Si bien me tomó varios días recuperarme, acepté ver a Cathy extraoficialmente y nos reunimos en un Starbucks cerca de Londres en noviembre de 2016. Me dijo que sabía mucha de las cosas que Smyth había hecho y quería confirmar si yo era una de sus víctimas. Le dije que sí. En ese momento, no estaba preparado para hablar en cámara. Después de conversar con varias de sus víctimas –algunas todavía muy heridas como para hablar en público– sentí que tenía que ser la voz de aquellos cuyas vidas Smyth había dañado, y en algunos casos arruinado. En diciembre de ese año, permití que Cathy me grabara en cámara. La entrevista apareció en dos grandes titulares de noticias en el Reino Unido, a principios de febrero de 2017[1]. Posteriormente, también hablé sobre el encubrimiento del abuso, y el maltrato de los sobrevivientes de Smyth en la BBC y otros medios de comunicación[2].

Para los sobrevivientes del abuso de Smyth –que ahora estábamos conectados– comenzó un lento y doloroso proceso de lidiar no solo con una, sino con dos historias de nuestras vidas. En primer lugar, estaba la forma en que Smyth fue protegido descaradamente cuando Mark Ruston reveló sus actos por primera vez en 1982, y cómo los sobrevivientes fuimos descuidados vergonzosamente. Descubrir lo que realmente sucedió en aquel entonces y también más recientemente, implicó una investigación rigurosa. Todo esto sirvió para destapar un patrón familiar cuando se trata de abuso histórico: la tendencia de una institución u organización a protegerse a sí misma y su reputación en lugar de apoyar a aquellos que han quedado traumatizados.

En segundo lugar, estaba la historia del propio Smyth. Algunos nos preguntamos cómo es que más de 20 jóvenes supuestamente inteligentes fuimos engañados por él hasta el punto de creer que Dios quería que nos golpeara salvajemente con un bastón. En el caso de uno de mis amigos, 800 veces durante el transcurso de un día. ¿Cómo llegamos a aceptar un trato tan brutal? ¿Cómo se las arregló Smyth para obtener nuestro consentimiento?

Después de que se supo la noticia en 2017, me propuse tratar de responder esa pregunta y fue durante ese tiempo que encontré un libro de la Dra. Lisa Oakley y la Dra. Kathryn Kinmond, *Breaking the Silence on Spiritual Abuse [Romper el silencio sobre el abuso espiritual]*. Comprarlo me costó un ojo de la cara (¡una de las muchas razones por las que agradezco este nuevo volumen!), pero valió la pena

---

1. Reportaje del *Channel 4 News* (*Archbishop apologises for historic abuse: the full story*). El New York Times ofrece un resumen de mi historia sobre los abusos de Smyth (Dozens Say Christian Leader Made British Boys "Bleed for Jesus").

2. El reportaje de BBC 1 News, fue realizado por Fiona Lamdin.

cada peso. Al leerlo, me di cuenta de que las autoras estaban describiendo exactamente lo que nosotros vivimos en manos de Smyth. Sí, su abuso tenía un componente físico que eran las golpizas mismas. Sí, también tenía un componente psicológico y emocional. Pero lo que John Smyth nos hizo fue ante todo un abuso *espiritual*. Sin la dimensión espiritual de su comportamiento, no habría habido ningún abuso. Nunca habría logrado obtener nuestra cooperación a lo largo del tiempo.

En este nuevo libro que marca un hito, del que Lisa es coautora con Justin Humphreys, el abuso espiritual se define como "una forma de abuso emocional y psicológico, que se caracteriza por un patrón sistemático de comportamiento coercitivo y controlador en un contexto religioso. Este puede tener un impacto profundamente dañino en quienes lo experimentan". He vivido el abuso espiritual en este sentido tres veces en mi vida, en primer lugar, a manos de John Smyth. Él me expuso a un patrón sistemático de control coercitivo en el contexto de los campamentos de Iwerne y en el foro cristiano en el que estos campamentos influyeron, a través de él, en mi escuela. Decir que su forma de abuso espiritual hizo un daño enorme sería quedarse corto.

En el capítulo 3, los autores describen 12 características del abuso espiritual. Podría escribir un libro completo sobre cómo estos rasgos eran visibles y tangibles dentro del grupo de jóvenes y niños de Smyth, pero me limitaré a hacer un resumen.

La coerción para amoldarse

Mientras era alumno en la escuela, y especialmente mientras estudiaba en la universidad, la presión que sentí para conformarme con la versión legalista del cristianismo de Smyth fue a veces abrumadora. Empleó tácticas clásicas de "interiorismo", como las describió tan elocuentemente C. S. Lewis: "Era tan terrible ver la cara de ese otro hombre, ese rostro afable, reservado y deliciosamente sofisticado, volverse repentinamente frío y despectivo, al saber que has sido juzgado por el círculo interior y te ha rechazado"[3]. Leer eso ahora, especialmente la descripción del rostro de quien ejerce la coacción me pone la piel de gallina, porque describe perfectamente a Smyth. Como líder espiritual, me presentó un rostro cálido y afable mientras me adecuaba con su enseñanza. Yo sabía que rebelarse de cualquier forma contra sus puntos de vista significaría un rechazo. Jugaba con el miedo que todos teníamos que su rostro se volviera repentinamente "frío y despectivo".

Aprovechamiento

Smyth se aprovechaba de los muchachos que necesitaban una figura paterna y una familia. Todos éramos alumnos de internado. Todos habíamos experimentado la ruptura de los lazos con los padres, la familia y el hogar. Todos estábamos abiertos a las preocupaciones paternas de Smyth y a la hospitalidad que él y su esposa, Anne, ofrecían en su casa de Hampshire. Smyth elegía a niños atractivos que tenían una necesidad desesperada de apego seguro. Hablaba de ser un "padre espiritual" para nosotros, usaba el lenguaje espiritual para apelar a nuestra necesidad psicológica de sentirnos dignos de amor y pertenencia.

Manipulación

Los métodos de manipulación de Smyth tomaron muchas formas, porque su "artimaña" (para citar a uno de los profesores de Winchester College) era extrema. Su principal táctica era convertir las Escrituras en un arma y usarlas para inducir una religión de miedo y obediencia. Al carecer de una teología sólida del Espíritu Santo –especialmente el ministerio de adopción del Espíritu– nos manipuló a todos para que volviéramos a recaer en el temor (Romanos 8,15). En lugar de convertirnos en hijos espirituales de un padre perfecto, nos

---

3. C. S. Lewis, "The Inner Ring". Se trata de una conferencia pronunciada en 1944, en el King's College, Universidad de Londres.

convertimos en esclavos de un hombre que asumió el lugar y el papel de padre en nuestras vidas. El miedo se volvió una forma de vida.

Posición divina

Cuando el canónigo Mark Ruston escribió su informe en marzo de 1982 donde exponía la horrorosa y criminal escala de los abusos, planteó que Smyth había socavado los principios fundamentales de la Reforma al establecerse como mediador entre las víctimas y Dios, reduciendo así la eficacia de la expiación. Es cierto, pero fue peor que esto. Smyth nos dijo que "como Dios es tu padre en el cielo, no puede serlo en la tierra, por eso yo seré tu padre espiritual"[4]. Eso es peor que hacer el papel de mediador, es erigirse como Dios, asumiendo una posición divina.

Rendición de cuentas forzada

Como padre espiritual, Smyth insistió en una relación de despiadada rendición de cuentas entre sus víctimas y él mismo. Nos dijo que no solo teníamos que hablarle de nuestros planes, sino también de nuestros pecados. Recuerdo que era particularmente estricto con las películas. Consideraba que la mayoría de las películas eran del diablo, así que la única que vi en el cine durante mi época universitaria fue *Carros de fuego*, un film que mostraba la versión del "cristianismo musculoso" de Smyth. Sobre todo, estaba profundamente obsesionado con la masturbación, y con frecuencia nos preguntaba si habíamos caído en ella, lo que generó en todos nosotros una visión tortuosa de la sexualidad humana que, en algunos casos, todavía afecta a algunas de las víctimas.

El ejercicio de control a través del mal uso de las Escrituras

Apenas sé por dónde empezar. Como muestra gráficamente la película *El libro de los secretos*, la Biblia puede usarse para oprimir a la gen-

---

4. Para más información, véase mi artículo sobre los "Savage Fathers" en el periódico Church of England Newspaper <www.churchnewspaper.com/52014/archives>.

te, así como para liberarla, dependiendo del carácter de quien la use. Smyth usaba y abusaba de los pasajes de las Escrituras todo el tiempo, y lo hacía para ejercer control espiritual sobre sus víctimas. Uno de sus versículos favoritos era "aún no habéis resistido hasta el punto de derramar sangre" (Hebreos 12,4), que reinterpretó de manera sutil y siniestra, y luego empleó como una de las muchas justificaciones para golpearnos hasta que sangráramos. También usó pasajes de las Escrituras sobre los padres que no perdonan la vara y los padres que castigaban a sus hijos, incluso si esa disciplina no era agradable en ese momento (Hebreos 12,5-13).

Censura a la toma de decisiones

Recuerdo vívidamente a Smyth vigilando en forma constante mis decisiones de manera intrusa, especialmente mis elecciones sobre lo que estaba y no estaba permitido en la sexualidad humana y las relaciones. Una vez me dijo que no podía tomarle la mano a una chica hasta que tuviera 25 años. Este es un ejemplo típico de su obsesión de que mantuviéramos una vida de extrema pureza sexual. Insistía en que fuéramos despiadados con el pecado, especialmente el pecado sexual, citando pasajes como Colosenses 3,5-6: "Haced morir, pues, lo terrenal en vosotros: fornicación, impureza, pasiones desordenadas, malos deseos y avaricia, que es idolatría; cosas por las cuales la ira de Dios viene sobre los hijos de desobediencia". Usaba esta metáfora de "haced morir" para animarnos a clavar nuestros pecados en la cruz, especialmente la masturbación. Con el tiempo, esta metáfora se transformó en una aplicación física más literal, con crueles golpizas en el cobertizo de su jardín.

La exigencia de secreto y silencio

Fue solo después del reportaje de Cathy Newman en 2017 que comencé a reconectarme con otras víctimas de Smyth. Cuando lo hice, se volvió inquietantemente claro cómo todos habíamos ocultado secretos no solo a nuestros padres y profesores, sino también entre nosotros durante los años de nuestro abuso (desde 1977 hasta 1982 en mi caso). No cabe duda de que esto fue debido a Smyth.

La exigencia de obediencia al abusador

Smyth usaba su autoridad espiritual no solo para exigir nuestra obediencia, sino para insistir en ella. Usaba Hebreos 13,17 para justificar esta sumisión, como lo han hecho muchos otros líderes espiritualmente abusivos. "Obedeced a vuestros pastores, y sujetaos a ellos; porque ellos velan por vuestras almas, como quienes han de dar cuenta". Esta obediencia debía ser total e incuestionable. Toda mi espiritualidad se centraba en complacer a Smyth.

El aislamiento como medio de castigo

Cuando me enamoré de una estudiante de la Universidad de Cambridge –una compañera inglesa y miembro de la Unión Cristiana– Smyth condujo hasta Cambridge y me pidió que eligiera entre ella y él. La elegí a ella.

Desde ese momento, no solo Smyth sino también mis amigos más cercanos (que también fueron víctimas de Smyth) me aislaron e intimidaron. El líder de la Unión Cristiana de mi universidad trató de protegerme durante esta fase, enfrentándose a Smyth y diciéndole que me dejara en paz. Recién el año pasado me confesó que quedó tan traumatizado por cómo lo había tratado él que no aprobó sus exámenes de segundo año. Estaré para siempre agradecido por la forma en que trató de intervenir y detener la coerción y el control que estaba presenciando. Nunca dejaré de horrorizarme por la intimidación espiritual a la que fue sometido.

Superioridad y elitismo

Smyth creía que solo aquellos que se habían convertido en sus hijos espirituales –y que formaban parte del grupo de víctimas que golpeaba en su cobertizo– estaban realmente transitando por el estrecho camino de la salvación. Él estaba especialmente interesado en los escritos de un hombre llamado S. D. Gordon, y su libro favorito era *Quiet Talks on Power*. En uno de los capítulos, el autor habla de "una bifurcación del camino". Los que siguen un camino son cristianos que pactan. Los que siguen el otro son los verdaderamente comprometidos. Smyth y los miembros de su grupo eran los que habían elegido el camino correcto. El orgullo espiritual aquí es grotesco. Combinado con el elitismo ya incrustado en la cultura de los internados, este sentido de autoridad espiritual creó un cóctel letal.

A partir de estas breves experiencias, tal vez puedas ver por qué leer sobre el abuso espiritual brindó tal epifanía en mi lenta recuperación del trauma de todos estos recónditos recuerdos de John Smyth. El abuso de Smyth fue principalmente espiritual. Centrarse en las golpizas y reducir su abuso a algo simplemente físico no es simplemente intentar negar la existencia del abuso espiritual, es malinterpretar el proceso del abuso. Cuando Smyth abusó de mí, no fue solo el acto de golpearme, fue todo lo que me llevó a someterme a ese acto. Es también que me haya escogido y corrompido. Todo eso era abusivo, y se basaba en la creencia espiritual de que Dios es nuestro Padre en el cielo, pero no en la tierra, y por lo tanto él, Smyth, tenía que ser ese padre para nosotros. "Yo seré un padre para él, y él me será a mí hijo", fue su declaración sobre mí (2 Samuel 7,14). Con el tiempo, empezó a citar el resto del versículo para justificar los golpes: "Y si él hiciere mal, yo le castigaré con vara de hombres, y con azotes de hijos de hombres" (2 Samuel 7,14). Decir que solo los azotes fueron abusivos es una simplificación excesiva.

Considero que el libro *Escapando del laberinto del abuso espiritual: Cómo crear culturas cristianas sanas* no es solo una lectura importante, es *vital*. Durante el cuarto de siglo que fui vicario, experimenté abuso espiritual a manos de otro líder cristiano, y luego de alguien de una de mis congregaciones[5]. El abuso espiritual es un fenómeno real y muy generalizado, como lo demuestran tan elocuentemente los dos autores de este volumen. Su propósito no es destruir la Iglesia, es sanarla o, más bien, ayudarla a "crear culturas sanas", algo que celebro. A lo largo de los años, se le ha dado demasiada atención al crecimiento de la Iglesia y no suficiente atención a su salud. Las cosas

---

5. N.E. Mark Stibbe fue ministro de la Iglesia de Inglaterra y vicario de St. Andrews, Chorleywood, por 12 años.

sanas crecen, ese es el patrón divino dentro del mundo de la naturaleza y, de hecho, dentro del reino de los cielos.

Soy de la opinión que este libro –que se basa en amplia y convincente evidencia empírica, científicamente reunida– debería ser leído por todas las personas de todas las denominaciones religiosas y en todos los puestos de liderazgo. Debería convertirse en la regla de oro para el liderazgo de servicio en todas las organizaciones cristianas, y debería ser estudiado e implementado por todos aquellos que estén recibiendo formación sobre liderazgo espiritual, en la etapa más temprana posible.

El apóstol Pablo insistió en que todos deberíamos tener la mentalidad de Cristo y adoptar una actitud de humildad y una postura de servicio (Filipenses 2,5-11). Luego citó un himno conocido por su comunidad cristiana en Filipos, en el que se celebra y adora a Jesucristo por no aferrarse a la igualdad con Dios, sino por despojarse de sí mismo, eligiendo convertirse en ser humano. Este acto de vaciamiento –en griego, *kénosis*– no lo hizo para someter a los seres humanos a abusos, como fue el caso de algunos de los dioses de la mitología griega, quienes vinieron a la tierra para abusar de las mujeres[6]. Fue para servirnos a través de su vida humilde y, finalmente, para morir por nosotros en la cruz.

Esto es lo opuesto al abuso espiritual. De hecho, este es el antídoto para el veneno del abuso espiritual, un veneno que ha debilitado, durante demasiado tiempo, el cuerpo de Cristo. En nuestro mundo post Weinstein, haríamos bien en prestar especial atención a este excelente, innovador e indispensable libro.

---

6. Queda mucho trabajo teológico por hacer acerca de cómo Jesús representa una alternativa a las divinidades abusivas de la religión y de la mitología antiguas, y cómo el mismo Jesús en la cruz se convierte en una víctima de abuso. En lo que respecta a las reflexiones sobre lo primero, estoy en deuda con mi amigo el Dr. Crispin Fletcher-Louis y su artículo inédito, "The Rare Word ἁρπαγμός (Philippians 2.6b): A Fresh Solution".

Jesucristo nunca parte la caña quebrada, ni apaga la mecha humeante (Isaías 42,3). Nunca es abusivo espiritualmente, y tampoco deberíamos serlo nosotros. Jesucristo trae justicia en la fidelidad (Isaías 42,3), y nosotros también deberíamos hacerlo, especialmente cuando se trata de aquellos que han sufrido abuso espiritual y por quienes nunca se ha hecho justicia. No podemos hacer menos.

John Smyth, quien murió en 2018, escapó de la justicia humana a la que pasó su vida representando, justo después de que la Fiscalía de la Corona decidiera que el caso que había armado la policía de Hampshire había superado con creces el umbral probatorio necesario y que era hora de que Smyth fuera interrogado. La justicia para los sobrevivientes de Smyth, como para tantas otras víctimas de abuso espiritual, no puede hacerse aquí en la tierra, pero podemos lograr algo más. Podemos trabajar para erradicar todas las formas de abuso dentro de la Iglesia, incluyendo el abuso espiritual. Podemos crear culturas sanas. Podemos establecer lugares seguros para que las personas más vulnerables encuentren el camino a casa en los brazos de amor del Padre.

Al embarcarnos en esa búsqueda, tendremos a Lisa Oakley y Justin Humphreys como mentores y guías preocupados. Y por eso debemos estar agradecidos.

Mark Stibbe

Escritor

Introducción

¿Por qué ahora es el momento adecuado para este libro? Hay otros en esta área (Blue, 1993; Enroth, 1994; Dupont, 2004; Johnson y VanVonderen, 2005; Davis-Weir, 2015; Diederich, 2017). Uno de esos fue coescrito por uno de los autores de este libro (Oakley y Kinmond, 2013). Si bien hay pocos textos que se basen en alguna investigación, gran parte del trabajo hasta la fecha se ha centrado en los Estados Unidos. Esas historias son importantes y, de hecho, parte de lo que hemos escrito aquí se basa en ese material.

Sin embargo, la historia británica es igualmente importante y rara vez se toma en cuenta. El libro *Breaking the Silence on Spiritual Abuse* se basó en una investigación en el Reino Unido (Oakley y Kinmond, 2013). Desde su publicación, muchos han pedido un libro que sea más fácil de entender. Para ser honesto, el tema clave ha sido a menudo: "¿No puedes escribir algo más barato?". Además, es necesario considerar este tema dentro de una perspectiva cristiana. Por lo mismo, este volumen combina la investigación, la lectura, el trabajo de casos y las historias en lo que esperamos sea un libro fácil de leer, con un precio asequible.

Ambos autores contribuimos desde nuestra propia experiencia y comprensión personal y profesional y, aunque cada capítulo tuvo un autor principal, ambos aportamos a lo que ahora estás leyendo a través de un proceso de desafío mutuo y colaboración. Las citas que aparecen a lo largo de este libro son frases textuales de aquellas personas que se consideran a sí mismas víctimas de abuso espiritual, aunque sus nombres reales fueron cambiados. Estas citas se usan para destacar un punto o proporcionar un ejemplo de la experiencia vivida, y se recogieron a través de tres piezas clave de la investigación. En primer lugar, el doctorado de Lisa sobre el abuso espiritual en la fe cristiana en el Reino Unido[7], que recogió historias detalladas de abuso espiritual de individuos de diversas denominaciones cristianas (las citas tomadas de este estudio se indican con la abreviatura *LO)*. En segundo lugar, una encuesta sobre la experiencia de la Iglesia[8] que se llevó a cabo entre 2012 y 2013, en la que 525 personas respondieron a preguntas relacionadas con las características clave del abuso espiritual (las citas tomadas de este estudio se indican con la sigla *O&K)*. Finalmente, el material recopilado a partir de una investigación más reciente sobre este tema[9], llevada a cabo por Lisa y Justin en 2017: en esta encuesta, 1.531 personas respondieron preguntas específicas sobre el abuso espiritual, de las cuales 1.002 indicaron haber tenido la experiencia personalmente (las citas tomadas de este estudio se indican con la sigla *O&H)*. Por lo tanto, el libro tiene una clara base probatoria, pero está escrito de una manera que debería permitir un fácil acceso para entender los hallazgos y las implicaciones de nuestra investigación.

Vivimos en una época en la que se han descubierto muchas historias de abusos. El escándalo que rodea al productor de cine de Hollywood Harvey Weinstein ha llevado a un creciente reconocimiento del abuso como una experiencia a menudo oculta, algo más común de lo que se solía reconocer. Somos parte de un tiempo en que se presta cada vez más atención a la coacción y el control. En 2013, la definición británica de violencia y abuso doméstico cambió para incluir el

---

7. N.E. Lisa Oakley, *The Experience of Spiritual Abuse in the UK Christian Church*, 2009. Tesis de Doctorado (PhD), Manchester Metropolitan University.

8. N.E. El nombre de la investigación es *Church Experience Survey* y parte de sus resultados están publicados en Lisa Oakley – Kathryn Kinmond, "Developing Safeguarding Policy and Practice for Spiritual Abuse", *The Journal of Adult Protection*, 16 (2014) 87–95.

9. N.E. Lisa Oakley – Justin Humphreys, *Understanding Spiritual Abuse in Christian Communities*, 2017.

control coercitivo como una forma de abuso y un factor en esta experiencia. Hasta la fecha, esto se refiere a los que están –o han estado– en una relación íntima o en una relación familiar entre sí. Sin embargo, muestra que se está comenzando a reconocer que la coacción y el control son dañinos, y que necesitamos saber más sobre ellos. Si bien muchas de las historias compartidas son externas al contexto de la fe cristiana, a medida que se cuentan más historias, existe una comprensión cada vez mayor de que el control coercitivo ocurre en estos contextos.

Por lo tanto, es oportuno e importante pensar en esta cuestión ahora. La Iglesia a menudo se encuentra en la posición de tener que responder a las acusaciones de abuso y, por lo tanto, con frecuencia es vista como reactiva, respondiendo a los testimonios a medida que aparecen. Nuestra esperanza es que este libro sea, al menos en parte, proactivo, que exponga los temas y nos ayude a pensar en ellos, para que la Iglesia pueda estar a la vanguardia en enfrentar el control coercitivo y ayudar a otros a hacerlo.

En ocasiones hemos recibido críticas porque nuestro trabajo se centra en la fe cristiana y la gente siente que al hacerlo podríamos estar dándole al mundo otra razón para criticar a la Iglesia. Pero nuestra investigación se centra en la fe cristiana porque es la que ambos compartimos. Es el contexto de fe en el que trabajamos, entendemos y nos sentimos más conectados. No estamos diciendo que el abuso espiritual solo ocurre dentro del contexto de la fe cristiana. En eventos multi-religiosos nos han dicho que nuestro trabajo es transversalmente relevante en las tradiciones religiosas, y en el futuro otros podrían escribir sobre el abuso espiritual en diferentes tradiciones. Si bien estamos centrados en la fe de la que somos parte, y en apoyar a la Iglesia Cristiana para prevenir y responder mejor al abuso espiritual, de ninguna manera estamos diciendo que el abuso espiritual solo ocurre en el contexto cristiano.

* * *

A Lisa le gustaría agradecer principalmente a los sobrevivientes que han compartido sus historias y a todos los participantes de las encuestas de manera que podamos entender mejor esta área. Para algunos esto significó un costo mayor, por lo que es importante comenzar dándoles las gracias. Palabras de Lisa:

No quisiera dejar de agradecer a mis directores del doctorado por su apoyo al comienzo de mi camino de investigación en esta área. Estoy muy agradecida de que la Dra. Kathryn Kinmond haya continuado trabajando conmigo y mejorando la calidad de la investigación y el trabajo en esta área, y por su infalible amistad. También agradezco el constante apoyo de la organización benéfica Thirtyone:eight *en mi trabajo sobre el abuso espiritual. Es gracias a su estímulo y financiamiento que pudimos continuar este trabajo al punto de escribir un libro. En esta labor, Justin Humphreys ha sido una fuente de apoyo, un amigo crítico y un dedicado coautor. Su determinación de "hacer lo correcto" y de defender a los vulnerables es admirable.*

También estoy agradecida de aquellos –demasiados para nombrarlos– que me han animado a lo largo de los años a seguir adelante. En este camino, he recibido apoyo de grupos religiosos, círculos académicos y organismos oficiales.

Pero nada de esto hubiera sido posible sin mi familia: mi marido, Tim, mis hijas y yernos, Bethan, Sarah, Jacob y Will, y mis increíbles padres John y Margaret. Ellos son mi mayor fuente de apoyo y mi mayor alegría. Aunque mi fe es central y profunda, no siempre hablo de ella, pero define quién soy. Mi esperanza es que este libro sea una herramienta que ayude a la Iglesia para que sea un lugar donde la gente esté segura y pueda florecer en todo lo que está destinada a ser.

Justin quiere agradecerles a todos aquellos que han compartido alguna parte de su camino hasta ahora, más recientemente, a sus amigos y colegas de *Thirtyone:eight* y al consejo directivo por su fiel apoyo y estímulo. Palabras de Justin:

Al tratar un tema tan emotivo y lleno de perspectivas divergentes, nunca dejan de sorprenderme las fuentes de apoyo que se han hecho evidentes a lo largo del camino. Igualmente, tengo el privilegio de mirar hacia atrás a lo largo de muchos años, en los que he podido ver personas y experiencias que han formado mi propio camino cristiano: desde ser alentado en mis propios dones y ministerio cuando era joven, recibir la confianza para compartirlos públicamente como adulto, hasta las tranquilas palabras de sabiduría compartidas por amigos y líderes de la Iglesia. Espero que todos sepan quiénes son y lo increíblemente agradecido que estoy.

Creo que Escapando del laberinto del abuso espiritual *no existiría sin el trabajo de mi buena amiga y colega Lisa Oakley. Ha sido un privilegio compartir en este proyecto y en muchos otros en los últimos años. Me sigue inspirando tu persistencia, coraje y amor puro por la Iglesia. Sin tu fe en que este libro era posible, habría un permanente vacío en el que muchas personas seguirían luchando sin respuestas a sus experiencias y preocupaciones.*

Finalmente —y como siempre— sin el amor, la fe y la dedicación de mi esposa Hayley, gran parte de lo que lo que soy y busco ser no sería posible. Para acuñar un término muy usado: ¡eres mi roca! Sabiendo que sigo siendo un valioso "trabajo en progreso" al servicio de mi Salvador, rezo para que este libro aporte algo positivo al cuerpo de Cristo en todo el mundo.

Lisa y Justin

1

El cuadro emergente del abuso espiritual

"Sería útil que este tema fuera más ampliamente reconocido, explicado y explorado en las iglesias de todas las denominaciones" (*O&H*).

Navegar por el laberinto

Cuando era niño o joven –dice Justin– recuerdo haber sentido emoción, miedo, y ganas de competir y colaborar cuando recorría laberintos en parques temáticos y casas de campo históricas. De niño entraba en ellos con una sensación de emoción porque quería ser el primero en encontrar el camino hacia la salida, antes que mis amigos o familia. En ocasiones, mi entusiasmo se convertía en miedo, ya que invariablemente volvía a los mismos puntos que ya había pasado varias veces antes y me preguntaba si alguna vez encontraría la salida. Llegar a callejones sin salida y entrar en caminos que eran solo vueltas de regreso al mismo lugar eran parte del desafío planteado por el diseñador del laberinto. La analogía del laberinto es una imagen poderosa del camino que emprenderás en este libro. Para llegar a explorar las características de las culturas cristianas sanas debemos primero navegar la difícil experiencia del abuso espiritual.

Puede parecer extraño pasar un tiempo considerable discutiendo el abuso espiritual en un libro que también busca explorar la creación de culturas cristianas sanas. Sin embargo, creemos que realmente no podemos explorar lo que es sano sin antes examinar lo que no lo es. Si realmente queremos construir culturas más sanas debemos entrar en el laberinto, mirar los callejones sin salida, investigar los caminos en círculo, explorar las múltiples rutas y finalmente encontrar la salida. Además de esto, también dedicaremos tiempo a considerar lo que es sano, ya que centrarse en lo que es bueno y sano es igualmente útil para evitar lo que no lo es. Así estaremos en una mejor posición para guiar a otros a través del laberinto e, idealmente, evitar que algunos entren en él.

¿Quién quiere estar en una Iglesia como esta?

"¡Eso me pasó a mí, y nunca nadie me creyó!" Los ojos de la mujer estaban llenos de lágrimas cuando se detuvo frente a mí en un salón repleto de gente –recuerda Lisa–. Estábamos tratando el tema del abuso espiritual y por primera vez ella escuchó su historia en voz alta. El impacto fue tan grande que en medio de la charla fue incapaz de permanecer en su asiento. Necesitaba hablar y ser escuchada. La imagen de ese momento está grabada en mi mente. Su dolor y alivio eran claramente visibles mientras hablaba: el sufrimiento de lo que había experimentado y el alivio de finalmente escucharlo en palabras. Estaba claro que su historia –y la de muchos otros– requería ser oída y respondida. Necesitábamos entender cómo la coerción y el control pueden desarrollarse en las relaciones cristianas, ya que "deja a la gente sintiéndose aplastada e indefensa" (*LO*). La Iglesia está lentamente aceptando el hecho de que el abuso sexual ocurre dentro de sus muros y que pasan cosas horribles en lugares donde no debería. Necesitamos alzar la mano sobre el abuso espiritual y reconocer que a veces las cosas han salido mal. Personas han sido controladas y han salido dañadas. Como dijo alguien, ella se sintió "insegura en un lugar que debería ser seguro" (*LO*).

Por otro lado, en una conferencia nacional que dirigió el CCPAS (ahora *Thirtyone:eight*) y que se celebró en 2017 en el Reino Unido para los coordinadores de prevención, hubo un debate sobre la cultura eclesiástica sana y sus características clave. Esta discusión incluía estar en una Iglesia donde podías hacer preguntas, estar en desacuerdo (¡con respeto!), trabajar en tu propio itinerario espiritual y ser nutrido mientras alimentabas a otros. Tras la conversación, se planteó la pregunta: "¿Quién quiere pertenecer a una Iglesia como esta?" La respuesta fue unánime: todos querían pertenecer a una institución sana. No fue una respuesta sorprendente, pero surgió dentro de una discusión sobre el abuso espiritual. Las personas que asistían a la conferencia habían estado en un itinerario, que comenzó con ellos explorando el abuso espiritual y que terminó con ellos enfocándose en la cultura sana de la Iglesia. Al principio de la charla se les animó a decir que "lo mejor estaba por venir".

Para explorar el tema de la cultura sana de una manera equilibrada, debemos considerar qué tan buenas pueden ser las cosas y, al mismo tiempo, ser honestos cuando van mal. Este es el itinerario que nos gustaría emprender en este libro. Para ello, dedicaremos tiempo a comprender y explorar lo que es el abuso espiritual y lo que causa en la gente, y luego pasaremos a revisar lo que es un liderazgo sano y una cultura cristiana sana.

El desafío de explorar el abuso espiritual

"La verdad es que la gente no quiere que el mundo piense que la Iglesia que predica amor no puede vivirlo" (*LO*)

Explorar este tema es un desafío. Un encuestado declaró que el silencio sobre el abuso espiritual "a menudo deja a las víctimas transitando por un camino solitario e incomprendido, y el silencio nos impide darnos cuenta de la magnitud del problema en nuestras iglesias" (*LO*). El tema del abuso espiritual es difícil de abordar para cualquier cristiano, atraviesa el corazón del mensaje del amor, la libertad y la gracia. Puede hacernos sentir incómodos, inquietos e inseguros. En sí mismo suscita fuertes reacciones de los cristianos. Una persona nos dijo que al plantear esto, ¡estábamos "haciendo el trabajo del diablo"! Otro sugirió que nuestro trabajo podría "hacer colapsar a la Iglesia". En cualquier otro contexto esto podría haber sido suficiente para que decidiéramos rendirnos y desistir, ¡pero esto es demasiado importante!

Hay dos razones que grafican por qué es tan importante pensar en esto. Primero, porque la comunidad de fe cristiana está llamada a llevar esperanza a los corazones rotos. Cuando las personas están heridas y dañadas, debemos ser un modelo de cómo responder bien y cómo cuidar profundamente. Se nos llama a no rehuir a los que están sufriendo. Tiene que haber un lugar para conversar sus historias y reconocerlas. Tiene que haber un espacio para considerar lo que viene después. ¿Cómo avanzas cuando te han herido de esta manera? ¿Qué apoyo se necesita, y cómo se puede proporcionar?

Segundo, porque hay una verdadera esperanza para el futuro. La Biblia nos dice que la Iglesia es el plan de Dios. A él se le ocurrió la idea, y por lo tanto tiene que ser posible que lo que sucede en la Iglesia y los contextos cristianos sean el mejor modelo de cómo nos tratamos y cuidamos unos a otros. Alguien planteó la pregunta recientemente: "¿Cómo puedes hacer lo que haces, ver lo que ves y aun así tener fe y pensar que la Iglesia es buena?" Es una pregunta razonable. Aunque lo que realmente me estaba preguntando era "¿cómo puedes ver los temas de abuso en la fe cristiana y aun así creer en Dios y su Iglesia?" Era una pregunta relativamente fácil de responder. "Cuando veo lo que falla en la Iglesia, me entristece y, a veces, me hace enojar. Pero cuando la Iglesia es todo lo que está llamada a ser, puede ser un lugar de esperanza".

Este libro proporciona un espacio para conversar sobre el abuso espiritual y cómo responder a él, y también para explorar el liderazgo y la cultura sana en el contexto de la Iglesia, la organización sin fines de lucro, la compañía o el grupo comunitario. Nos han preguntado quién debería leer este libro. La mejor respuesta viene de una de las personas que compartió su historia.

"Esto es abuso, y la gente necesita saberlo" (*LO*).

Existe el peligro de que un libro como éste pueda considerarse relevante únicamente para los líderes de la Iglesia o para aquellos que han tenido la experiencia de la cultura eclesial o el abuso, o para aquellos con algún interés en ellas. Si bien esto es válido, la verdad es que este libro es importante para todos los que se consideran cristianos y no cristianos.

Es importante estar abiertos, desde el principio, a un libro que está escrito desde la perspectiva cristiana, que hace referencia a nuestra propia fe cristiana y al contexto más amplio de la misma, y que incluye referencias de la Biblia.

Esperamos que este libro ayude a las personas a comprender mejor cómo la coerción y el control pueden suceder en un entorno de fe, o entre personas de fe en entornos no religiosos, y el impacto que esto tiene en quienes lo experimentan. Ayudará a los lectores a reflexionar acerca de cómo utilizan el poder en ciertas situaciones y cómo podrían formar parte de la construcción de una cultura sana. Tal vez ahora es el momento, como nos dijo un sobreviviente, de "despertar y oler el café" (*LO*) y discutir abierta y honestamente el abuso espiritual.

La historia hasta ahora

En casa –cuenta Lisa– tengo una colección de libros que mi marido llama mi "biblioteca de rarezas". Es una colección de todos los libros que he podido encontrar publicados sobre el tema del abuso espiritual. Cuando la biblioteca estaba abajo, mi esposo solía poner las fotos de nuestro matrimonio delante de estos libros cuando nos visitaban, especialmente si eran personas nuevas en la Iglesia.

Esta colección cuenta una historia. Uno de los mensajes es que los problemas de coerción y control han existido en la Iglesia durante mucho tiempo. Una de mis posesiones más preciadas es una edición del libro de Richard Baxter, *El Pastor Reformado* (1981), escrito por primera vez en 1656. En él su autor habla de la manipulación y el control. No usa el término abuso espiritual, ya que aún no se había desarrollado el concepto, pero los sellos distintivos están ahí.

Hay libros como *Churches That Abuse* (Enroth, 1993), *Healing Spiritual Abuse - How to Break Free from Bad Church Experiences* (Blue, 1993) y quizás el más conocido, *El sutil poder del abuso espiritual* (Johnson y VanVonderen, 2005).

Estos libros se centran en las experiencias de abuso espiritual. Demuestran que mucho de lo que hablamos ahora tiene sus raíces en lo que se llamó "pastoreo agobiante", que a menudo se encuentra en las iglesias domésticas, así como otras expresiones de la Iglesia. Un sello distintivo del liderazgo en estos entornos era el requisito de que los seguidores fueran sumisos, estuvieran dispuestos a compartir detalles de sus vidas y de consultar al "pastor" antes de tomar decisiones importantes, incluyendo las opciones relativas al trabajo y a la pareja. Cuando este modelo de liderazgo y discipulado de la Iglesia comenzó a ser criticado, muchas iglesias domésticas se disolvieron, y muy pronto en los Estados Unidos comenzó a usarse el término "abuso espiritual". Muchas de sus características reflejan el control que existe en el pastoreo agobiante.

El trabajo en el área del abuso espiritual ha continuado desarrollándose, pero todavía se encuentra en sus primeras etapas. Hemos tenido muchas conversaciones en las que nos han dicho "seguimos en el mismo lugar, al igual que con el abuso doméstico hace 50 años". El mensaje que rescatamos de esto es que hace 50 años la gente empezó a darse cuenta de que el abuso doméstico sucedía y que era real. Esto nos llevó a entender que no se trataba solo de un "asunto doméstico" y que no era "culpa de las mujeres". Como en todas las formas de abuso, el conocimiento sigue creciendo en la medida en que se cuentan historias y se comparten las investigaciones. Ahora reconocemos a las víctimas masculinas y femeninas de la violencia y el abuso doméstico, y admitimos que los niños pueden ser violentos con sus padres o cuidadores. Sabemos que los adolescentes experimentan esto y que los servicios se desarrollan continuamente para satisfacer sus necesidades.

En relación con el abuso espiritual, el término se utiliza cada vez con más frecuencia. Se está empezando a entender de qué se trata, algunas políticas de prevención de la Iglesia mencionan esta forma de abuso, se están llevando a cabo conferencias que incluyen charlas sobre este tema, pero todavía hay mucho trabajo por hacer y muchos obstáculos que superar o repensar.

El elefante en la habitación

En unas vacaciones recientes –cuenta Lisa–, salí una noche con mi familia a tomar algo. Había una plaza en la que tocaban música en vivo, con mesas y sillas para sentarse y relajarse. También había un elefante de plástico gigante afuera de una tienda cercana. Mi yerno dijo, a modo de broma, que probablemente había llegado el momento de que "habláramos sobre el elefante en la habitación".

Es muy importante ser abierto y honesto al comienzo de este libro, y aceptar que el abuso espiritual puede ser un verdadero elefante en la habitación. Nuestra más reciente encuesta muestra una considerable preocupación por explorar este tema y las posibles consecuencias para la Iglesia.

> "Me preocupa que esto abra las puertas a acusaciones falsas de parte de algún miembro insatisfecho de una comunidad cristiana y que se desperdicie mucho tiempo, esfuerzo y dinero, y se empañen las vidas de buenos líderes en el proceso" (*O&H*).

Muchas de las respuestas que recibimos nos decían que había que hablar al respecto, pero teníamos que asegurarnos de tener mucho cuidado. "Este proyecto me pone nervioso" (*O&H*). Si bien volveremos a explorar estas preocupaciones con más detalle en el capítulo 2, queremos ser honestos y abiertos desde el principio: esta es un área desafiante y compleja que causa cierta ansiedad y preocupación. Una vez más, reiteramos nuestro deseo de explorar este tema, de hacer justicia a quienes lo han experimentado y de promover culturas sanas y seguras para el futuro.

"¡Si sigues haciendo lo que estás haciendo, nadie será capaz de liderar!" (O&H)

Las culturas sanas incluyen líderes juiciosos que nutren y estimulan al resto. Un obstáculo –y uno de los mayores retos que se plantean al trabajar en esta área– es el posible impacto que podría tener en los líderes y en el liderazgo la discusión sobre el abuso espiritual. A menudo se plantea la preocupación de que, si discutimos temas de coerción y control, los líderes serán incapaces de dirigir eficazmente. Muchos han comentado que su trabajo ya es bastante difícil y que se les debe permitir ejercer autoridad. Otros han reflexionado sobre la posibilidad de que se hagan acusaciones falsas. Si bien nos parece importante abordar brevemente este tema al comienzo de este libro, habrá una reflexión más detallada al respecto en el capítulo 6.

> "Mi preocupación principal son las acusaciones falsas contra líderes buenos y piadosos, que tal vez no han tomado precauciones para protegerse" (*O&H*).

Sin embargo, el mensaje más fuerte que recibimos fue que no dejáramos de hacer nuestro trabajo, pero que entendiéramos que los líderes también lo experimentan.

> "El abuso espiritual también ocurre al revés, donde los líderes de las iglesias son abusados por su comunidad cristiana, son manipulados y son objeto de abuso verbal y chismes" (*O&H*).

> "Creo que la gente asume que el abusador suele ser la persona con más poder, por ejemplo, el líder de la iglesia, pero creo que los líderes de la iglesia están sobreexigidos y, a menudo, no están protegidos de ser abusados por miembros de su iglesia" (*O&H*).

A lo largo de nuestra investigación, la gente nos pidió que consideráramos cómo podemos proteger y nutrir mejor a los líderes religiosos y ayudarlos a responder cuando experimentan actos de control no deseado. Queremos hacer una pausa y señalar que muchos de ellos son víctimas de este tipo de comportamiento y necesitan apoyo para enfrentarlo. De hecho, sería bueno para el liderazgo y la formación ministerial incluir estos temas.

Pero, para que haya equilibrio es importante entender que –como muestran los relatos– los que están al mando sí coaccionan y controlan a los demás.

> "Esto pasa cuando el líder o los líderes principales de una iglesia operan con su propia autoridad mientras abusan y manipulan a la comunidad cristiana y empiezan a tomar el lugar de Dios en sus vidas" (*O&H*).

Muchas historias de abuso espiritual incluyen el papel del liderazgo o de un líder en su relato, y muchas de las respuestas a la encuesta se referían al control por parte ellos. Obviamente, puede ser más fácil controlar a los demás si tienes una posición de liderazgo, ya que podemos sentir que es más difícil cuestionar o argumentar en contra de las autoridades. Sin embargo, también hay muchos ejemplos de líderes que ejercen esta autoridad con cuidado, compasión y por el bien de sus seguidores. Allí donde la coerción y el control forman parte del patrón de comportamiento de un líder, hay razones que lo explican . A veces es simplemente un mal uso y abuso del poder y de la autoridad que va con el cargo. Y hay otros casos en los que el control coercitivo por parte de los líderes ha sido extremo y no puede ni debe ser justificado. Sin embargo, a veces debemos tratar de entender de dónde viene este comportamiento.

> "El uso inapropiado del poder organizativo en un ambiente religioso: usar tu posición de poder espiritual para manipular a otros de formas que son inaceptables (y no cristianas)" (*O&H*).

En algunos casos, los líderes se sienten fuera de control, sin apoyo y no están realmente equipados para hacer las tareas que se les pide que lleven a cabo. Más tarde tendremos tiempo para considerar plenamente estas cuestiones, pero por ahora hay que reconocer que el liderazgo es difícil y a menudo ejercemos una enorme presión sobre los líderes para que sean "todo para todos". Esto puede llevar a desarrollar formas de comportamiento poco sanas para hacer frente a las presiones y expectativas de los demás. Por ejemplo, a menudo colocamos a las personas en posiciones de liderazgo porque reconocemos que tienen talento para un grupo particular (por ejemplo, niños pequeños) o para un tema específico. Podemos nombrar líder de la pastoral juvenil a alguien que haya demostrado fortaleza para estar al lado de los jóvenes y apoyarlos. Promovemos a esa persona para que lidere el trabajo con jóvenes. Sin embargo, no le enseñamos a conducir a las personas batallar con las críticas, trabajar en equipo, etc., y presionamos al líder para que expanda y desarrolle el trabajo con jóvenes. Y luego nos sorprendemos cuando todo sale mal y la gente termina herida. Tenemos que trabajar para establecer cómo apoyamos y desarrollamos a los líderes en todos los niveles de las iglesias y organizaciones cristianas. Por otro lado, si los apoyamos y nutrimos, deberíamos sentirnos capaces de confrontar a aquellos que son controladores o coercitivos y abordar estos comportamientos por el daño que causan.

"¡No se trata solo de los líderes! (*O&H*)

Para poder ofrecer una imagen completa del abuso espiritual necesitamos entender que cualquier persona puede controlar y coaccionar a otra. En el liderazgo, este control puede ser de arriba hacia abajo o de abajo hacia arriba. Una pareja poderosa en una comunidad cristiana puede controlar lo que pasa en la iglesia y coaccionar al líder. También puede ser de igual a igual. Por ejemplo, una persona que trabaja con niños puede coaccionar y controlar a su par.

La coerción a menudo se trata de dos cosas. En primer lugar, el contexto. En muchas iglesias u organizaciones cristianas, ciertos individuos pueden tener mayor estatus, ser más escuchados y tener más poder que otros. Esto puede estar relacionado con el cargo o el tiempo que llevan en una iglesia, qué tan activamente involucrados están o, incluso, con la cantidad de dinero que donan. Hay un sinfín de razones por las que algunas personas pueden ser escuchadas y ser capaces de controlar a otras, en particular si ocupan una posición de confianza y respeto.

> "Un miembro respetado que abusa de su posición de confianza, para manipular a otra persona, invoca "instrucciones" de Dios que no pueden ser cuestionadas" (*O&H*).

En segundo lugar, está la relación de poder personal entre los involucrados. En las relaciones, quienes ostentan autoridad y la forma en que ésta se utiliza es muy importante. La discusión sobre el poder será retomada a lo largo de este libro, ya que es fundamental para este tema.

En resumen, al igual que con otras formas de abuso, el abuso espiritual puede sucederle a cualquiera y cualquiera puede coaccionar y controlar a otro. Sin embargo, no le sucede a todo el mundo, y el hecho de estar en un contexto cristiano no hace que el control coercitivo sea más o menos probable.

Cada uno tiene su propia historia

Hay diferentes historias y relatos de abuso espiritual y a lo largo de este libro haremos referencia a algunos de ellos; asimismo, compartiremos citas de nuestra reciente encuesta. Sabemos que algunas personas han experimentado un control extremo, mientras que para muchas otras ese control ha sido más sutil. Por lo mismo, no hay una sola historia que nos represente a todos, por lo que buscamos incluir una gran variedad de vivencias en este libro. Estamos extremadamente agradecidos con aquellas personas que han tenido el valor de compartir sus testimonios y reconocemos el costo personal que tuvo hacerlo. Solo a través de este intercambio podemos realmente comprender este asunto de una mejor manera. Las historias nos proporcionan una base sobre la cual podemos construir modelos de comportamiento y culturas cristianas en el futuro que sean mejores y más sanas. Este primer relato ilustra el tipo de desafío que abordaremos en este libro.

La historia de Steve

Comencé a participar en una iglesia por primera vez hace unos cinco años. Era una de las más amigables a las que había asistido. Las personas parecían muy interesadas en mí y me sentí como en casa. Era como una gran familia. Pensé que pertenecía y que era realmente bienvenido. Era, ciertamente, lo que había estado buscando en una iglesia.

Durante un tiempo fui feliz y no fue hasta que llevaba un par de años que la situación empezó a cambiar. Dentro de la iglesia se hacía un gran énfasis en estar presente en todas las reuniones. Nos dijeron que esto era porque nos ayudaba, y que si faltábamos nos perderíamos. Una noche no pude asistir a una reunión porque no me sentía bien. Al día siguiente recibí una llamada del ministro preguntando por qué no había estado en la reunión. Le expliqué que no me sentía bien. No pareció muy contento con mi respuesta y me dijo que me habrían cuidado si hubiera ido. Le pedí disculpas y le dije que estaría en la de esa noche. Cuando colgué el teléfono no pude entender por qué me había disculpado por estar enfermo, pero igual me cuestioné y me pregunté si podría haber ido a la reunión después de todo. Decidí que debía tratar de asistir a todas las reuniones en el futuro.

Durante un tiempo todo siguió bien y me empecé a involucrar más en la vida de la iglesia. Con el tiempo comencé a dirigir el trabajo con el grupo de jóvenes. El ministro me dijo lo talentoso que era con la juventud y cómo la iglesia había estado rezando por contar con alguien como yo. Me hizo sentir bien y feliz de poder ayudar en este grupo. Pasé mucho tiempo con el ministro y su familia, y fui parte de muchas cosas en la iglesia. Pasaba la mayor parte de mi semana ahí, pero estaba feliz de hacerlo. En retrospectiva puedo ver que las personas recibían un trato especial cuando se involucraban más y a menudo eran vistas como "espiritualmente especiales". Ahora puedo ver que este "ser especial" se usaba para que la gente siguiera haciendo lo que la iglesia quería que hicieran y para que otros se esforzaran más en involucrarse.

En ese momento me sentía parte de la iglesia y tenía un gran sentido de pertenencia. Sabía que las decisiones no se discutían y que con cierta frecuencia la gente se iba y, cuando esto ocurría, se hablaba mal de esas personas. Sin embargo, en ese momento creía lo que decían de la gente y pensaba que su salida era culpa de ellos y así continué siendo feliz.

Todo iba bien hasta que organicé un viaje a un concierto cristiano con el grupo de jóvenes. El ministro me llamó y me dijo que debería haber pedido permiso para organizar el evento. Le contesté que lo había hecho porque estaba a cargo del trabajo con los jóvenes. Él se enojó mucho conmigo y me respondió que yo causaba problemas, y que mi actitud no ayudaba. Incluso sugirió que no era un buen modelo a seguir para los jóvenes. Me recordó que yo no estaba a cargo y que todas las decisiones sobre los jóvenes debían pasar por él, me citó la Biblia sobre ser sumiso a los líderes y colgó el teléfono.

Quedé devastado. Se suponía que el viaje ayudaría a los jóvenes. Me dolió mucho lo que dijo sobre mí y mi influencia en los jóvenes. Más tarde lo llamé para conversar sobre lo que me había dicho y era otra persona. Descartó mis preocupaciones y dijo que no se había enfadado en absoluto, que solo estaba cuidando de mí y que le preocupaba que yo estuviera trabajando demasiado y quería asegurarse de que descansara. Por eso quería que consultara las cosas con él para asegurarse de que no me autoexigiera demasiado. Nuevamente terminé disculpándome y diciéndole lo agradecido que estaba por su apoyo.

Al terminar esa llamada telefónica quedé muy confundido. Me sentía muy culpable y pensaba que quizás había malinterpretado la situación y que el ministro me estaba tratando de ayudar. Es extraño mirar hacia atrás y pensar que me culpaba a mí mismo. Pensé que había algo malo en mí que me hizo malinterpretar lo que me dijo. Ahora me doy cuenta de que el ministro tenía la habilidad de hacerte pensar que tú lo habías malentendido y que tú eras el responsable, cuando en realidad era al revés y él tenía la culpa.

Después de esto las cosas siguieron bien durante algunas semanas y realmente traté de comportarme adecuadamente. Una noche uno de los jóvenes se me acercó y me pidió un consejo sobre un tema que le preocupaba. Lo escuché y le di algunas sugerencias de cosas que podía hacer. Al día siguiente, mientras charlaba con el ministro mencioné la conversación que había tenido con el joven. El ministro se enojó mucho y me dijo que se suponía que tenía que consultar todo con él y que no tenía permitido dar consejos. Me volvió a recordar la necesidad de someterme a los líderes y me señaló que llevaba un tiempo sintiendo que Dios quería que yo descansara del trabajo con los jóvenes, ya que necesitaba un respiro. Le dije que no quería, pero cuando llegué a casa me había dejado un mensaje telefónico diciéndome quién sería mi reemplazo. Me pidió que le entregara toda la información sobre los jóvenes a esa persona. Desde entonces muchos me han dicho que el ministro habló mal de mí y dijo que no era apto para el trabajo con los jóvenes, que había tratado de apoyarme, pero que por el bien de ellos había tenido que dejarme ir.

Luego de que me obligaran a renunciar ya nada fue igual. Se me hacía difícil lidiar con la situación cuando los jóvenes me preguntaban por qué los había dejado, porque se les dijo que había sido mi decisión. Me resultó difícil aceptar que el ministro señalara que Dios le había dicho que yo tenía que renunciar. No sabía cómo argumentar en contra de eso. Me pregunté por qué Dios se lo había dicho a él y no a mí, pero muchos en la iglesia pensaban que Dios hablaba directamente con el ministro y, por lo tanto, no cuestionaban lo que él decía.

También empecé a ver que gran parte de lo que ocurría en la iglesia era controlado, algo que también me costó aceptar. Me di cuenta de que el ministro tomaba todas las decisiones. Sabía que no podía seguir en la iglesia, tenía que irme. Llamé al ministro y le expliqué que me iba. Se enojó mucho y me dijo que lo estaba traicionando a él y a la iglesia, y que no estaba bien que me fuera. Que Dios no me bendeciría si me iba. Según él me costaría mucho acostumbrarme a otra iglesia. Le dije que tenía que irme y me colgó el teléfono. Poco tiempo después vino a verme y me dijo que Dios tenía planes para mí y que debía quedarme y resolver mis problemas. Le dije que no eran MIS problemas y que necesitaba irme. No volví a la iglesia después de eso.

Cuando me fui, el ministro le dijo a la gente de la iglesia que yo era un irresponsable y que lo había herido profundamente. Perdí a varias amistades, ninguno se acercó cuando me fui. En realidad, ya no veo a nadie de ahí. Según lo que he oído la gente sigue marchándose, pero nada parece cambiar y el ministro sigue en su cargo.

Después de irme pasé por uno de los momentos más oscuros de mi vida. Toda la experiencia fue más profunda y dolorosa de lo que puedo explicar. Es como si ya no te conocieras a ti mismo, quién eres, qué piensas y en qué crees. Creo que de alguna forma perdí el sentido de quién era. No logras entender cómo es que te absorbió la situación y por qué no viste lo que estaba pasando. Ahora se me hace difícil hacer amigos y soy reacio a abrirme a las personas por miedo a que abusen de mi confianza. De hecho, me cuesta mucho confiar. En cuanto a la iglesia, recién estoy pensando en volver a alguna. Toda esta experiencia es muy difícil y abusiva, y usan a Dios para justificar el comportamiento controlador y manipulador. La gente necesita saber que esto es real y que está ocurriendo en las iglesias de todo el país.

Esta historia incluye algunos de los elementos clave del abuso espiritual que exploraremos en los próximos capítulos. También comienza a ilustrar el impacto que el control coercitivo tiene en una persona. Si bien en esta historia quien se comporta de esta manera es el ministro de la iglesia, es importante reiterar que este tipo de conducta no está ligada a los cargos de liderazgo.

¿No le pasa esto sólo a las personas "vulnerables"?

A menudo nos preguntan si algunas personas son más vulnerables al abuso espiritual que otras. Si bien hay un libro en esta área que sugiere precisamente eso, el abuso espiritual es complejo y es una forma bastante simplista de ver las cosas, lo que podría ser peligroso. Si pensamos que esto solo les sucede a las personas "vulnerables", podríamos considerar que estamos "seguros" o que somos "inmunes", y no es tan simple. Más adelante, exploraremos lo que sucede en una experiencia de abuso espiritual. Por ahora, basta con decir que suele ocurrir que haya largos períodos llenos de momentos positivos y esto hace que uno se cuestione cuando empiezan a suceder cosas negativas. Con frecuencia es sutil y no es nada fácil de detectar. Cualquiera puede vivirlo.

Es importante señalar que cuando tenemos un "niño o adulto en riesgo de daño" debemos ser especialmente cuidadosos con la coerción y el control. También debemos tener en cuenta a las personas que ya están recibiendo los servicios de una iglesia u otro organismo, y considerar qué tipo de ayuda y apoyo adicional pueden necesitar. Asimismo, deberíamos pensar en cómo podemos asegurarnos de que se les ofrezca opciones sobre las que tengan capacidad de decisión.

¡Esto no sucede en nuestra iglesia!

Tuve una experiencia muy interesante en un seminario cristiano. En dicha ocasión el orador explicaba por qué era muy poco probable que el abuso espiritual ocurriera en su denominación, ya que no operaban con modelos que fomentaran el control coercitivo. Además, según él, tenían una clara estructura de información y la gente sabía a dónde acudir para obtener ayuda y apoyo. Tras estas audaces declaraciones, uno a uno los miembros de esta comunidad se levantaron para contar sus historias y experiencias de abuso espiritual. Todas nuestras investigaciones hasta la fecha aportan pruebas de que el abuso espiritual no está vinculado a una denominación o expresión de la iglesia (Oakley, 2009; Oakley - Kinmond, 2013; Oakley - Kinmond, 2014; Oakley - Kinmond - Humphreys, 2018). Nuestra encuesta más reciente muestra que las personas que se identifican como víctimas de abuso espiritual vienen de una amplia gama de denominaciones e iglesias independientes.

Algunos escritos sugieren que esto es más común cuando los feligreses creen en el ministerio del Espíritu Santo (Enroth, 1994), en particular cuando hay una creencia de que el Espíritu Santo habla a través de palabras e imágenes. Ciertamente, es posible distorsionar tal ministerio para controlar a otra persona, deliberadamente o no. Sin embargo, es importante entender que hay muchas iglesias sanas que siguen tales tradiciones cristianas. Probablemente no sea útil empezar diciendo que ocurre aquí, pero no acá. La verdad es que, como con otras formas de abuso, el control coercitivo puede ocurrir en cualquier denominación o expresión de la iglesia. El lenguaje puede ser diferente, las historias se enmarcarán en contextos, pero las características del abuso espiritual serán las mismas.

¿No basta mantener la postura teológica correcta?

El abuso espiritual no está vinculado a una postura confesional, y tampoco a una posición teológica particular. Un encuestado señala la importancia de separar el abuso espiritual de las posturas teológicas de la siguiente manera.

> "Una de las cosas más importantes para mí y mi familia era separarlo de la teología" (*O&H*).

Por lo tanto, mantener una postura teológica no es en sí mismo necesariamente espiritualmente abusivo. Por ejemplo, hay una serie de opiniones sobre las donaciones de dinero. Para algunas iglesias el diezmo (dar el 10% de tus ingresos) es una creencia fundamental. Algunas se cuestionan si se trata del 10% de los ingresos brutos o netos. En otras expresiones de la iglesia, se incentiva la donación, pero la cantidad entregada se ve como un asunto privado y no como algo que la iglesia deba dictar. Aunque se puede argumentar que ambas cuestiones son bíblicas, la enseñanza sobre cualquiera de ellas y la adopción de una u otra práctica no es en sí misma abusiva desde el punto de vista espiritual. Lo que importa es *cómo* se comparte y se practica la postura que tienes. Cuando se mantienen de manera controladora y coercitiva, esto puede ser perjudicial y puede derivar en un abuso espiritual. Si presionas constantemente a los individuos para que donen, pides estados de cuenta bancarios para mostrar que están donando y sugieres que dar es una medida de la relación que alguien tiene con Dios, entonces esto tendría el sello de abuso espiritual.

Este es un punto importante que hay que señalar desde el principio, pues muchas personas tratarán de utilizar el lenguaje del abuso espiritual para apoyar su propia postura teológica sobre algún tema. Pueden sugerir que pensar de manera diferente es espiritualmente abusivo, mientras que los que tratan de proteger la libertad religiosa quieren asegurarse de que se puedan adoptar todas las posturas teológicas. Sin embargo, cualquier postura teológica debe ser compartida y practicada con una actitud de gracia, libertad y respeto.

¿Qué vas a hacer al respecto?

Al final de una conferencia muy concurrida –dice Lisa–, después de que hablé sobre el abuso espiritual, un delegado se acercó y me preguntó: "Bien, sabemos que esto está sucediendo, pero ¿qué vas a hacer al respecto?".

Este libro trata de abordar esta pregunta. Primero, exploramos qué es realmente el abuso espiritual y cuáles son sus características clave. Segundo, consideramos la forma en que se puede abordar el abuso espiritual, de manera individual y colectiva. Definiremos lo que es útil para responder a una historia de abuso espiritual y tomar medidas. También consideraremos el papel del liderazgo y la necesidad de apoyo, y cómo es un liderazgo sano. Luego hablaremos de la cultura, y finalmente resumiremos y plantearemos algunos pasos a seguir en el capítulo 8.

Todos somos parte de la cultura en la que estamos. Nuestra idea es explorar las características de una cultura cristiana sana. El propósito de este libro es obtener una respuesta y prevenir. Buscamos discutir el abuso espiritual y dar voz a quienes han tenido esta experiencia. Nos esforzamos por definir en qué consiste una respuesta sana y útil.

También nos interesa mucho entender cómo prevenir este comportamiento en el futuro. Nuestro objetivo es permitir un "reconocimiento de la herida" (*O&H*), proporcionar sugerencias para "un apoyo continuo que permita procesar el daño hacia la curación" (*O&H*) y ayudar a desarrollar "un sistema sólido que trate el tema en el futuro" (*O&H*).

Un *podcast* de Malcolm Duncan (2017) contenía esta frase: "Lo malo puede usarse para el bien, lo bueno no se puede eliminar y lo mejor está por venir". Para nosotros, esto resume el itinerario que recorrerán los lectores con este libro: examinar la difícil realidad del abuso espiritual y aprender de él; explorar ejemplos de liderazgo y cultura sanos; y anhelar un momento en que este tema se aborde de manera amplia y cuidadosa: que el futuro se vea mejor que el presente.

2

El problema de la definición, ¿de qué estamos hablando?

"Se necesita que esté claramente definido para que cualquier persona pueda entender, sin importar su habilidad de comprensión" (*O&H*).

Esto no es un laberinto

El libro *That's Not a Maze [Esto no es un laberinto]* está hecho de páginas que parecen un gran dibujo semejante a un laberinto. Es difícil ver algún orden o encontrar sentido a lo que hay. Sin embargo, con un poco de orientación y con los consejos del libro, pronto descubres que, si conectas diferentes partes del dibujo y diferentes rutas a través del laberinto, hay imágenes escondidas en su interior. Hay una mariposa, un auto y otros dibujos para colorear. Es simplemente cuestión de unir las partes correctas y descubrirlos. Respecto del abuso espiritual, todavía hay muchas cosas que no están claras y diferentes opiniones acerca de si existe; qué imagen tiene y cómo deberíamos llamarlo. Este capítulo explorará los muchos problemas que enfrentamos cuando tratamos de definir el abuso espiritual.

Abrir la caja de Pandora

"Se necesitan definiciones muy claras del abuso espiritual para evitar que el término pierda su significado y se convierta en un concepto que lo abarca todo y que impida a la Iglesia vivir un desafío genuino, amoroso y muy necesario" (*O&H*).

Definir el abuso espiritual es muy difícil: "He oído que otras personas lo mencionan, pero no estoy seguro de qué es, es difícil de expresar con palabras" (*O&K*). Durante los últimos 15 años ha sido un desafío agotador desarrollar una definición de abuso espiritual que abarque los diferentes aspectos de esta experiencia y que sea universalmente aceptada. Hemos tenido innumerables reuniones, discusiones y conversaciones sobre si debiésemos usar el término en absoluto. A algunas personas les preocupa que al explorar este tema y utilizar este lenguaje, amenacemos la libertad religiosa y la libertad de mantener puntos de vista sobre una serie de temas. Alguien dijo una vez: "Si sigues hablando de abuso espiritual, terminaremos en una situación en la que nadie podrá rezar con nadie, nadie podrá desafiar a nadie y en la que el trabajo de la Iglesia se verá amenazado". Es cierto que cualquier libro en esta área, escrito por cristianos, debe tener en cuenta el impacto que puede tener en la Iglesia. Sin embargo, es igual de importante asegurarse de no silenciar a la gente o negarse a hablar de estas experiencias para proteger a la Iglesia. En realidad, además de causar daño a las personas, hace poco por proteger a la Iglesia. Más bien, nuestro objetivo es discutir de manera abierta y honesta los temas para construir una respuesta y un apoyo adecuados.

Cuando redactamos este documento, no había un acuerdo sobre cómo definir este concepto, o incluso si era el mejor término a utilizar. De hecho, a principios de 2018, una variedad de artículos en los medios de comunicación cristianos debatían si el término debía usarse porque ya existía o si todavía estábamos a tiempo de cambiarlo (Alianza Evangélica, 2018; Kandiah, 2018). Un artículo posterior sugería que la "caja de Pandora" de los abusos espirituales estaba abierta y que ahora el desafío era abordarla (Norman-Walker, 2018). Lo que está claro, a partir de nuestra investigación y trabajo en esta área, es que es necesario que haya un término que describa las experiencias exploradas en este libro para que la gente tenga un lenguaje que le permita hablar de sus experiencias. Además, es necesario un término que nos permita a todos pensar la mejor manera de prevenir y responder a estas experiencias.

La voz del sobreviviente

Nos hemos dado cuenta cada vez más de lo vital que es escuchar e incluir la voz de los sobrevivientes en cualquier discusión sobre el abuso. La frase "nada acerca de nosotros, sin nosotros" es muy relevante. A menudo la voz de los sobrevivientes ha estado ausente, o subordinada a los que están en posiciones de poder por su papel o profesión. Al escribir este libro nos comprometimos a asegurar que las voces de aquellos que han tenido esta experiencia sean escuchadas y respalden los temas presentados. Es por eso que aparecen tantas citas. Gebotys, O'Connor y Mair (1992) sugieren que las definiciones de abuso de los sobrevivientes suelen ser diferentes de las elaboradas por los profesionales. Queríamos que cualquier definición se elaborara conjuntamente, aprovechando la experiencia vivida por los sobrevivientes y las enseñanzas de las investigaciones académicas, sin dejar de lado los marcos reglamentarios en los que se sitúa el abuso. Estábamos decididos a contar con la opinión de los sobrevivientes en todas las etapas, por lo que les pedimos que leyeran la versión final de este texto y nos dieran su opinión antes de publicar.

También estábamos conscientes de la necesidad de escuchar el nombre que le querían dar los sobrevivientes a su experiencia. El galardonado autor cristiano Mark Stibbe (2018a) escribió un conmovedor artículo en el *Church of England Newspaper* sobre su experiencia como víctima de John Smyth (el infame consejero de la Reina y líder del campamento en el Reino Unido, ahora fallecido). En él afirma:

> "Solo hay un término que describe satisfactoriamente lo que me pasó a mí y a las otras víctimas: abuso espiritual" (Stibbe 2018a).

Mark, como muchos otros que han experimentado el control coercitivo en un contexto religioso, se refiere a esto como "abuso espiritual". También señala el malestar que muchas de las víctimas sintieron cuando se elaboró un artículo en el que se sugería que su abuso era únicamente "abuso físico", sin preguntarles si pensaban que el "abuso espiritual" describía de mejor manera sus experiencias.

Necesitamos saber de qué estamos hablando

Varios comentarios en nuestra investigación reciente sugieren que la gente no tenía claro exactamente lo que significaba el término. Se dieron distintas respuestas que mostraron que hay una necesidad real de desarrollar una clara definición de abuso espiritual.

> "Creo que esta área de abuso espiritual no está bien definida y por lo tanto una definición más clara sería útil" (*O&H*).

Sin embargo, los que respondieron también señalaron que no era una tarea fácil. Como era de esperar, el término en sí mismo suscitó preocupación en algunas personas.

> "La frase abuso espiritual es fuerte en el sentido de que tiene dos palabras opuestas... el abuso es, en definitiva, negativo, y la mayoría de la gente ve la palabra 'espiritual' en el contexto de la Iglesia como algo más cercano a Dios y, en definitiva, positivo. El simple hecho de escuchar la frase perturba a la gente que no confía en la prevención... entender completamente o ser capaz de definirla rápidamente ayudaría" (*O&H*).

En el capítulo 1 comenzamos a explorar algunas de las dificultades asociadas con el trabajo en el campo del abuso espiritual. Cuestiones sobre el liderazgo, la doctrina, quién lo experimenta, dónde ocurren estas experiencias: todas estas son consideraciones difíciles e importantes. Sin embargo, como se ha dicho, lo que no podemos dejar de lado es el daño y el perjuicio que experimentan las personas. Por lo tanto, aunque es difícil llegar a una definición o incluso a consensuar un término, es un camino que debemos hacer. En el presente capítulo examinamos algunas de las definiciones clave de este término que se han utilizado anteriormente. También plantearemos si el abuso espiritual debe considerarse como una forma separada de abuso. Estos debates contribuirán a fundamentar la definición de abuso espiritual que se ofrece en este capítulo. ¡Por favor, evita la tentación de ir directamente a leerla!

Empecemos por el principio

El término "abuso espiritual" es relativamente nuevo (Ward, 2011). Comenzó a utilizarse en los Estados Unidos para describir experiencias de comportamiento controlador vinculado a creencias espirituales. Gran parte de la literatura en esta área viene y sigue viniendo de ahí. En un principio, la atención se centró muy claramente en las personas que estaban en posiciones de liderazgo y que abusaban de sus seguidores.

> "El abuso espiritual ocurre cuando un líder con autoridad espiritual usa esa autoridad para coaccionar, controlar o aprovecharse de un seguidor, causando así heridas espirituales" (Blue 1993, p. 12).

En cierta medida, este enfoque en los líderes como abusadores se mantiene en las definiciones recientes: "El abuso espiritual ocurre cuando un líder cristiano causa daño a otros actuando de manera egocéntrica para beneficiarse a sí mismo" (Nelson, 2015). Sin embargo, como se describe en el capítulo 1, los líderes pueden abusar espiritualmente de aquellos de quienes son responsables y también pueden experimentar este abuso ellos mismos. Esto ha llevado a algunos a definir el abuso espiritual de una manera diferente para mostrar que los líderes no son los únicos que actúan así. "El abuso espiritual ocurre cuando la gente usa a Dios, o su supuesta relación con Dios, para controlar el comportamiento de otros para su beneficio" (Diederich, 2017).

Todavía recuerdo –dice Lisa– haber estado sentada escuchando a alguien contarme su historia de abuso espiritual y sentirme conmovida por la forma en que el hombre declaró apasionadamente: "Esto es abuso, y la gente necesita saberlo". A lo largo de los años muchos nos han dicho lo dañados que están por sus experiencias. La profundidad de la emoción compartida me pesó mientras hacía mi doctorado. Quería contar la historia del abuso espiritual para construir una definición que fuera útil, pero que reflejara el dolor personal ligado a la experiencia. En un momento dado, sentí que me estaba desviando de este camino, que estaba escribiendo algo académico, pero no exacto. Lograba reflejar los hechos de la experiencia, pero no el impacto o la profundidad del daño. Si bien en el capítulo 4 estudiamos con mayor profundidad las huellas del abuso espiritual, es importante plantearlo aquí porque mi necesidad de hacerle justicia a la experiencia dio forma a la definición de abuso espiritual que desarrollé por primera vez.

> "El abuso espiritual es la coerción y el control de un individuo sobre otro en un contexto espiritual. El individuo experimenta el abuso espiritual como un ataque personal profundamente emocional... Este abuso puede incluir: manipulación y aprovechamiento, rendición de cuentas forzada, censura de la toma de decisiones, exigencia de secreto y silencio, coerción para amoldarse, mal uso de las escrituras o del púlpito para controlar el comportamiento, exigencia de obediencia al abusador, suposición de que el abusador tiene una posición 'divina' y aislamiento de los demás, especialmente de los que son externos al contexto abusivo" (Oakley - Kinmond 2013, p. 21).

Esta definición de abuso espiritual se ha usado muchas veces desde entonces, especialmente en el Reino Unido. A menudo he conversado con personas que han experimentado abuso espiritual, quienes me han dicho lo útil que ha sido esta definición para ellos. Sin embargo, durante el último año, muchas conversaciones en diferentes reuniones se han centrado en la necesidad de crear una definición que no solo describa lo que sucede, sino que también pueda utilizarse para determinar si se ha traspasado algún umbral. Hay una tensión en que, por un lado, lo que parece necesario es una definición que ayude a la persona promedio a entender la experiencia: "Una definición de abuso concisa, para que cualquiera en la Iglesia pueda reconocerlo" (*O&H*). Por otra parte, es necesario que haya una definición que sea útil para los que toman decisiones sobre la conveniencia de remitirse a organismos legales. "Necesito algo que me ayude a decir, mira, este comportamiento es abuso y tenemos que tomar medidas" (*O&H*). Se argumenta que se necesitan definiciones de abuso para saber cuándo se debe intervenir (Giovannoni y Becerra, 1979). No es una tensión fácil de manejar. Stibbe (2018b) se refiere a este mismo dilema de la dificultad de reconocer el punto de transición del comportamiento de "exhortación a coacción". Al momento de escribir este texto, quienes sufren o han sufrido abuso espiritual cuentan con pocas oportunidades para contarlo, y no tienen la confianza de que se tomarán medidas concretas al respecto. Esto se debe, en parte, a la falta de reconocimiento y a la ausencia de una definición de abuso espiritual que apoye la identificación y la respuesta. Por consiguiente, la definición debe reflejar el daño causado, pero también permitir a los profesionales determinar si se ha traspasado un umbral (y si es necesario, tomar medidas y responder).

Pasarse del límite

> "Necesitamos pautas claras sobre lo que es y lo que no es abuso espiritual, lo que es un ejercicio apropiado de la autoridad y lo que es pasarse del límite" (*O&H*).

En 2016, acababa de terminar de hablar en una conferencia –cuenta Lisa– y miraba cómo las manos de las personas se levantaban para hacer preguntas, y esperaba la pregunta de siempre: "¿Dónde está la línea? ¿Cuándo el abuso espiritual se convierte en abuso espiritual? La primera persona que preguntó fue un ministro, quien señaló que tiene que haber una verdadera claridad sobre lo que es y no es abuso espiritual. Agregó: "¿Cuál es la diferencia entre guía y control? ¿Cuál es la diferencia entre desafío bíblico y coerción?" Sus preguntas además de ser genuinas eran importantes. Muchas veces nos han sugerido que hay tantas zonas grises que es imposible decir realmente qué es y qué no es abuso espiritual.

Estamos de acuerdo en que es difícil definir y emitir juicios sobre comportamientos particulares. Aunque esto también es válido en muchas otras formas de abuso. Si bien algunos comportamientos son claramente abusivos sexualmente, a menudo no está claro cuándo se ha cruzado el umbral del bienestar o del delito. En 2017, el movimiento *#MeToo* hizo tomar conciencia a la gente sobre el número de personas que había sufrido abuso o acoso sexual. Esta campaña fue muy importante para visibilizar el nivel de abuso que muchas mujeres experimentaron. Sin embargo, también dio lugar a un gran debate sobre lo que se considera o no acoso y abuso sexual. Está claro que el comportamiento que es realmente abusivo y acosador es inaceptable. Lo que también es evidente es que, aunque hubo un debate, nadie sugirió que esto significaba que no debíamos hablar del abuso sexual. De hecho, muchos argumentaron que el movimiento y la respuesta al mismo demostraban lo mucho que necesitamos hablar de estos temas y entenderlos más claramente. De la misma manera, argumentamos que es necesario hablar e intentar definir el abuso espiritual, aunque sea difícil y haya muchas preguntas.

Las dificultades para saber cuándo se ha producido un abuso se encuentran de manera similar en las definiciones de abuso infantil. El artículo 47 de la Ley sobre la infancia del Reino Unido (1989) establece que uno de los motivos por los que el tribunal puede dictar una orden de supervisión de un menor es que sufra o pueda sufrir un daño significativo. Sin embargo, no hay criterios absolutos para juzgar lo que constituye un daño significativo. Los criterios utilizados implican considerar "la gravedad del maltrato... el grado y la extensión de los daños físicos, la duración y la frecuencia del abuso y el descuido, el alcance de la premeditación" (DCSF, 2006, p. 37).

En las historias de abuso espiritual, la coerción y el control que experimentan las personas son a menudo patrones de comportamiento continuo. A veces, es un comportamiento que se repite en un individuo. En otras ocasiones, las historias muestran un comportamiento repetido durante un largo período de tiempo hacia un número de personas diferentes.

> "Las situaciones abusivas continúan durante años, ya lo había visto antes y sabía lo que estaba pasando" (*LO*).

> "¿Por qué se permite que esto continúe? ¿Por qué no se hace nada?... Lo peor es que seguirá" (*LO*).

Teniendo en cuenta todas las historias que hemos escuchado, se hizo evidente que hay patrones de comportamiento repetidos. Por lo tanto, nos pareció importante reconocer esto en la definición que desarrollamos. Con esto no estamos diciendo que un incidente aislado no sea perjudicial o dañino.

¡Eso pasó cuando estaba en la secta!

Una tarde –cuenta Lisa–, estaba tomando té con unos amigos cuando empezamos a hablar sobre música. Le pregunté a una de las personas presentes si recordaba una canción en particular y ella me respondió bromeando: "No, probablemente es de la época cuando estaba en la secta". La verdad es que ella experimentó un abuso espiritual extremo en un ambiente de fe cristiana. Finalmente abandonó la comunidad y tiene una historia muy traumática y dolorosa que contar. Lo que es interesante, sin embargo, es que ella –si bien, en broma– se refirió a su experiencia como "pertenecer a una secta".

En trabajos anteriores, discutí las divisiones que delineamos entre las iglesias y las sectas (Oakley, 2009; Oakley y Kinmond, 2013). Sugerí que cuando el comportamiento es extremo, las iglesias espiritualmente abusivas operan de muchas maneras similares a las sectas. Como profesora de psicología enseñé sobre sectas durante muchos años. Las características clave poseen el sello de una cultura extremadamente abusiva en materia espiritual. Para nosotros hay una tensión continua en este trabajo, porque si bien siempre buscamos decir la verdad, también somos dolorosamente conscientes de la manera en que algunos pueden usar este trabajo para criticar a la Iglesia, en una época en la que la fe es a menudo mal entendida. Por eso es mejor no centrarse en las sectas, sino en el comportamiento.

Sugerimos que hay un abanico de comportamientos que van desde el abusivo, en un extremo, hasta el sano y seguro en el otro, y en medio muchos matices. Lo que esperamos hacer en este libro es describir el comportamiento y las culturas que son nocivas y dañinas. Al hacerlo, buscamos construir y discutir las actitudes y las culturas sanas.

> "Creo que es un tema muy importante que a menudo se pasa por alto en las iglesias. La gente es consciente de las sectas que han abusado de sus seguidores, pero muchos no son conscientes de la medida en que esto ocurre en la Iglesia en general" (*O&H*).

Lo bueno, lo malo y lo feo

El abanico de comportamientos descritos anteriormente es muy importante, porque una de las preocupaciones planteadas sobre el tema del abuso espiritual es que podríamos terminar con el Estado regulando a la Iglesia, y con los casos de abuso espiritual en el sistema de justicia penal. Hagamos una pausa y consideremos esto por unos minutos. Para que los casos lleguen a los tribunales es necesario que haya un conjunto de pruebas que traspase el umbral penal. Los casos de abuso emocional y psicológico rara vez entran en el sistema de justicia penal debido a la cantidad de pruebas necesarias para traspasar ese umbral. Es difícil reunir pruebas sobre estas formas de abuso. Pero, cuando hay pruebas suficientes, argumentamos que es correcto y apropiado que esto pase por el mismo proceso que cualquier otra conducta delictiva. Cuando la coacción y el control son tan extremos como para cruzar el umbral penal, la justicia debe seguir su curso como lo haría con cualquier otra forma de abuso. La Iglesia no está por encima de la ley. En realidad, es probable que el número de estos casos sea muy pequeño.

> "Sospecho que la gente consideraría esto como un tema extremo, por ejemplo, los incidentes de tipo exorcismo violento. Sin embargo, creo que es mucho más frecuente bajos niveles de control y manipulación, que pasan inadvertidos, y que tal vez las víctimas y los perpetradores desconocen" (*O&H*).

En la mayoría de los casos se trataría de lo que podría denominarse "comportamiento insano": una conducta que no atraviesa el umbral penal, pero que puede ser perjudicial y dañina para otros, en la que se recurre a la coacción y al control, y que debe ser enfrentada. Como demuestra la cita anterior, parte de esto puede ser un nivel relativamente bajo, ciertamente, al principio. Tenemos que empezar a hablar de comportamientos sanos e insanos, y explorar algunas preguntas complejas como cuándo la orientación se convierte en control. En una cultura atenta a estas cuestiones es mucho más probable que podamos identificar el comportamiento menos grave y enfrentarlo con apoyo para abordar los problemas antes de que se agraven. Diederich (2017) comenta que los hábitos perjudiciales pueden consolidarse cuando las personas no tienen la confianza para hablar. Si cuestionamos los patrones de control, podemos ser capaces de trabajar con las personas, aumentar su autorreflexión y ofrecer comportamientos y estrategias alternativos.

La realidad es que un número muy pequeño de casos cruzará alguna vez el umbral penal. Sin embargo, es vital que no nos quedemos pegados pensando en proteger a la Iglesia hasta el punto de que no protejamos a quienes la conforman. Si las personas sufren y son heridas, *deberíamos* querer hacer algo al respecto. La tarea de la Iglesia es trabajar para crear culturas sanas. Una forma de hacerlo es abordar los bajos niveles de control y manipulación antes de que se conviertan en patrones de comportamiento perjudiciales.

¿Necesita su propia categoría?

En un programa de la BBC Radio 4 en 2017, se debatió si el abuso espiritual debía ser una categoría separada de abuso o si debía considerarse una forma de abuso emocional y psicológico. Una representante del Real Colegio de Psiquiatría planteó que, si bien se trata de un tema importante, las conductas descritas pueden cubrirse adecuadamente en las categorías de abuso psicológico (en adultos) y abuso emocional (en niños). También planteó que no había necesidad de una categoría separada de abuso espiritual.

Esta pregunta ha sido una de las que hemos abordado en los últimos años. Cuando empecé a trabajar en esta área pedí que se reconociera el abuso espiritual como una categoría por derecho propio (Oakley, 2009; Oakley y Kinmond, 2013). Muchas de las historias parecen estar ligadas a las creencias de fe de las personas, el uso de las Escrituras y la idea de que si alguien ha sido nombrado por Dios no debe ser cuestionado o puesto en duda. Además, estaba claro que el daño que la gente experimentaba era psicológico y emocional, pero también espiritual (Davis-Weir, 2015), tenía un impacto en su camino de fe, sus sistemas de creencias y sus puntos de vista sobre Dios y su bienestar espiritual. Al principio de mi trabajo, estas diferencias me parecían tan importantes con respecto a otras formas de abuso que pensé que debía haber una categoría aparte. Sin embargo, como en todos los caminos, nuestra comprensión va cambiando y desarrollándose con el tiempo. El reconocimiento de que a menudo vemos patrones repetidos de comportamiento, la transmisión de la BBC Radio 4 y tantas otras discusiones sobre dónde calza mejor el abuso espiritual me llevó a repasar las historias y las pruebas que había recogido a lo largo de los años.

Si bien es cierto que el abuso espiritual tiene algunas características distintivas, también comparte una considerable similitud con el abuso emocional y psicológico. En el capítulo 3 exploraremos las particularidades clave del abuso espiritual y veremos que toda la experiencia es un patrón sistemático continuo de comportamiento de control coercitivo (Oakley, 2017). Los elementos clave de esta experiencia son la manipulación, el aprovechamiento, el control mediante el mal uso y el abuso de las Escrituras y la posición divina, la censura de la toma de decisiones, la presión para amoldarse, la rendición de cuentas forzada, la exigencia de la obediencia y el aislamiento (Oakley, 2009; Oakley y Kinmond, 2013). Descifraremos cada uno de estos puntos. Si pensamos en el abuso emocional (y psicológico), vemos que se caracterizan por patrones repetidos de comportamiento que incluyen culpar, avergonzar, intimidar y controlar (Gobierno de Su Majestad, 2018).

> "Cada vez que escucho el término 'abuso espiritual' me da que pensar, no porque no crea que la gente sufre abusos en las organizaciones cristianas, sino porque no estoy seguro de que sea una categoría separada" (*O&H*).

Se puede argumentar que el abuso espiritual comparte patrones de comportamiento y características que apuntan a que se trata de una forma de abuso emocional y psicológico. En una conversación reciente con un sobreviviente de abuso espiritual, le mencioné que quizás cambiaba mi postura y la posibilidad de sugerir que éste se convierta en una forma de abuso emocional o psicológico. Al principio el sobreviviente estaba inquieto de que se ocultara la historia de abuso espiritual, y que se convirtiera en una forma de abuso ya reconocida. Pero después de pensarlo un poco más, sugirió que incluir el abuso espiritual dentro del abuso psicológico y emocional era, en efecto, la decisión correcta. Su razonamiento era que estas formas de abuso ya estaban aceptadas y, por lo tanto, significaría que la respuesta a las historias sería mucho más rápida y significativa que si las personas tuvieran que esperar a que se convierta en una categoría aparte. Sin embargo, para este sobreviviente, era importante que, aunque este abuso fuera una forma de abuso existente, se reconocieran las diferencias que distinguen el abuso espiritual de otras formas, si se quería responder bien a las personas y prevenirlo en el futuro. De manera similar, Mark Stibbe señala en su artículo que el caso de Smyth fue presentado como un simple caso de "abuso físico" pero que en realidad era secundario respecto del abuso espiritual.

Lo mismo pero diferente

El abuso espiritual se diferencia de otras formas de abuso por el contexto religioso en el que se produce y por las formas con que se controla a las personas, mediante el mal uso y el abuso de las Escrituras para dominar el comportamiento. Además, a esto se suma la noción de "posición divina" como una autoridad incuestionable y el uso de Dios para coaccionar y controlar (Oakley y Kinmond, 2013; Oakley y Kinmond, 2014). Todos estos son aspectos específicos de la experiencia del control coercitivo, que se califica de abuso espiritual, y que exploraremos con más detalle en el capítulo 4.

¿No es lo mismo que comprar una camiseta de fútbol?

En una reunión en la que estaba presentando sobre el abuso espiritual –relata Lisa–, alguien me preguntó: "Usar la Biblia para controlar a alguien, ¿no es igual que comprar una camiseta de fútbol para un ávido fanático del fútbol con el propósito de manipularlo y controlarlo?" Si bien entendí su argumento, no estaba de acuerdo. Si crees que la Biblia es la palabra de Dios, entonces tiene un estatus que la hace excepcionalmente poderosa. No creo que esto equivalga ni siquiera al más ávido fanático de fútbol, especialmente por las consecuencias que podría tener si alguien no obedece. Si crees que estar en desacuerdo o desobedecer significa que estás ofendiendo a Dios o incluso, en casos extremos, que no entrarás en el Reino de los Cielos, la presión sobre ti es inmensa.

El ejemplo del "fútbol" se ha utilizado en muchas fuentes como una razón que explica por qué el abuso espiritual no debe ser considerado como una categoría separada o incluso subcategoría del abuso emocional y psicológico. Nos han sugerido que si seguimos este camino podríamos terminar con "abuso futbolístico", "abuso cinematográfico", etc., y básicamente lo que estaríamos haciendo es definir y separar el abuso solo por el lugar o contexto en el que ocurre. No es lo que estamos diciendo. De hecho, el abuso espiritual puede ocurrir fuera de lo que podría pensarse como un "contexto espiritual". Una reunión en una cafetería en la que una persona coacciona y controla a la otra mediante el uso de las Escrituras no encajaría con la idea de abuso en un contexto espiritual, pero claramente tiene elementos espirituales. Por lo tanto, proponemos que los distintos aspectos de esta forma de abuso relacionados con la espiritualidad, la fe y las creencias son significativos y no pueden pasarse por alto. Esto es lo que lo convierte en abuso espiritual. No estamos afirmando que necesite una categoría separada, sino que debe reconocerse como una forma particular de abuso emocional y psicológico.

También debemos ser claros al decir que, como con cualquier otra forma de abuso, el abuso espiritual a veces coexistirá con otros tipos de abuso, o incluso se utilizará para legitimarlos. A menudo, cuando estos otros abusos se identifican y evalúan –en relación con el riesgo y el daño que presentan– es cuando intervienen los organismos legales. Este es un punto importante que hay que abordar, ya que en algunas circunstancias nuestra experiencia ha sido que el abuso espiritual solo se descubrió a raíz de las preocupaciones que se plantearon con respecto a otras formas de abusos que tal vez son más fáciles de identificar y comprender.

Definición

Se estarán preguntado en qué momento daremos la definición, lo bueno es que ya no falta casi nada. Nos parece importante destacar que las definiciones cambian y se desarrollan con el tiempo. Por lo tanto, no estamos sugiriendo que la definición que proporcionamos aquí no necesite reflexión y cambios en los años venideros. Tampoco estamos casados con el término "abuso espiritual". Algunos han sugerido que debería llamarse "control coercitivo en un contexto religioso" o "abuso psicológico vinculado a la fe o las creencias". Sabemos que es necesario revisar continuamente la terminología, las definiciones y los entendimientos. También somos conscientes de que actualmente, y de manera importante, "abuso espiritual" es el término que se utiliza tanto por escrito como por los sobrevivientes. Por lo tanto, en este momento hemos adoptado el término, pero estamos continuamente abiertos a la reflexión. Lo importante es que, en independencia del nombre, lo reconozcamos y tomemos medidas para responder mejor y evitar que ocurra en el futuro.

La definición que se ofrece a continuación es el mejor reflejo de la experiencia de abuso espiritual que tenemos actualmente, basada en la investigación y las pruebas que hemos recogido. También está moldeada por la necesidad de representar con precisión la historia del abuso espiritual y la necesidad de proporcionar una definición viable para los que tendrán que actuar cuando se planteen inquietudes. Estamos abiertos a la reflexión y a la retroalimentación sobre esta definición, ya que queremos seguir aumentando nuestra comprensión y proporcionar una definición que sea precisa y útil.

El abuso espiritual es una forma de abuso emocional y psicológico. Se caracteriza por un patrón sistemático de comportamiento coercitivo y controlador en un contexto religioso. El abuso espiritual puede tener un impacto profundamente dañino en aquellos que lo experimentan.

Este abuso puede incluir: manipulación y aprovechamiento, rendición de cuentas forzada, censura de la toma de decisiones, exigencia de secreto y silencio, coerción para amoldarse, control mediante el uso de textos o enseñanzas sagradas, exigencia de obediencia al abusador, la suposición de que el abusador tiene una posición 'divina', aislamiento como medio de castigo, y superioridad y elitismo (Oakley, 2018).

La historia del abuso espiritual

Cuando escuchamos historias de abuso espiritual, está claro que hay características comunes de la experiencia y también caminos comunes a través de esta.

> "Es la misma historia repetida una y otra vez" (*O&H*).

En una obra anterior (Oakley y Kinmond, 2013) se proporcionó un modelo del proceso de abuso espiritual, donde se mostraban las diferentes etapas del camino. Aquí, describiremos esas etapas a través de algunas de las historias recopiladas.

Período de luna de miel

En una conferencia alguien preguntó: "Si el abuso espiritual es tan malo, ¿por qué la gente no se va?" Esta inquietud se repitió en nuestra reciente investigación.

> "La pertenencia o la asistencia a una iglesia o agrupación cristiana no es obligatoria, así que, si te sientes amenazado o abusado, vete" (*O&H*).

La suposición de que es fácil escapar se ha registrado muchas veces en diferentes formas de abuso. Lo que hemos aprendido es que existe todo un proceso y una gama de factores en torno a las experiencias de abuso que hacen que reconocerlas y salir de ellas, sea extremadamente difícil. En un trabajo anterior (Oakley, 2009) quedó claro que toda la experiencia de abuso espiritual consiste en ser controlado y coaccionado, pero normalmente no se percibe así al principio. De hecho, la mayoría de las historias comienza con una época muy positiva, que puede tener una duración considerable. Muchas personas, lejos de sentirse dañadas, informan a veces largos períodos de "luna de miel" en los que se sienten muy a gusto y apoyados. A menudo sienten que esto era lo que habían estado buscando.

> "Tenía lo que buscaba, la gente se preocupaba por mí" (*LO*).

La gente busca pertenecer, encontrar un lugar donde la fe parece tener sentido y hacer la diferencia. Quiere ser valorada y cuidada. Tener a alguien que se interese genuinamente por ti puede ser muy positivo. Las historias de abuso espiritual de varias personas presentan algunos de estos aspectos positivos de la experiencia al comienzo. Muchos comentan haber estado en otras iglesias u organizaciones cristianas donde la fe parecía diluirse o que las personas parecían no importar. Puede ser una bocanada de aire fresco encontrar un lugar que parece vivir lo que cree y que realmente se preocupa por ti como persona.

Es importante entender que ser bienvenido y sentirse en casa en una iglesia o comunidad cristiana es exactamente lo que debe suceder. No queremos que leas esto y te preocupes si te sientes incluido y positivo sobre tus primeras experiencias en un contexto cristiano. Todas estas son cosas buenas. De hecho, muchos de nosotros pensamos que estos aspectos son lo que mucha gente está buscando. Lo que estamos tratando de explorar en esta sección es cómo las experiencias positivas tempranas pueden complicar el reconocimiento de un comportamiento perjudicial más tarde. Y también cómo estos primeros períodos positivos pueden dificultar el alzar la voz o incluso salirse. Así que, incluso cuando estás siendo coaccionado, controlado y estás sufriendo, las experiencias positivas iniciales pueden hacer que te sientas incapaz de cuestionar el comportamiento de los que están en posiciones de influencia.

Fin del período de luna de miel

Por lo general, comenzamos a pensar que algo anda mal cuando alguien no está de acuerdo, hace preguntas –que son percibidas como crítica– o se involucra más y luego comienza a entender cómo funcionan realmente las cosas. A menudo enfrenta rechazo, crítica o fuertes respuestas a problemas aparentemente pequeños. En trabajos anteriores me referí a estos como "momentos catalizadores" (Oakley, 2009; Oakley y Kinmond, 2013). Un catalizador es una reacción química que cambia las cosas a tal punto que no pueden volver a su estado original. De manera muy similar, los episodios de conducta controladora y coercitiva cambian la relación entre las personas. En primer lugar, puede parecer que esto no altera las cosas de forma permanente, pero a medida que se acumulan con el tiempo, el cambio tiene un impacto en la persona y en la relación.

Al principio puede ser muy confuso, ya que la persona tiende a dudar de sí misma. Ha tenido una experiencia tan positiva que justifica o resta importancia al comportamiento controlador y coercitivo cuando comienza a ocurrir. Con el tiempo, los patrones repetidos de ese comportamiento llevan a las personas a cuestionar esta relación o de qué forman parte.

> "Son amables, bondadosos y generosos y luego estás atascado y obligado, te han comprado. Sientes que tienes que devolver la generosidad, te sientes en deuda" (*LO*).

Los psicólogos hablan de algo llamado "endeudamiento social" que ocurre cuando recibes algo positivo y te sientes obligado a devolver el favor. En términos de abuso espiritual, las personas que han vivido un período de "luna de miel" muy positivo pueden sentirse incapaces de cuestionar un comportamiento dañino. Pueden pensar que han ganado mucho de la relación o de formar parte de la organización y, por lo tanto, parece erróneo comenzar a decir que no son felices o que se sienten heridos. Este círculo vicioso puede causar que las personas permanezcan en una comunidad cristiana insana.

Período de renovación de votos

Como ya se ha dicho, después de una experiencia de control a menudo vendrá un momento positivo. Al igual que en otras formas de abuso, el comportamiento negativo viene seguido de uno positivo. Los individuos tienen un encuentro muy positivo con la persona que los ha controlado, y como Steve en el capítulo 1, comienzan a cuestionarse a sí mismos.

> "Empecé a preguntarme, ¿seré yo?" (*LO*).

A las personas les cuesta mucho manejar estas experiencias cambiantes. Por lo general terminan pensando que fue su culpa o que malinterpretaron al individuo y en realidad la persona solo estaba tratando de ayudar. A menudo la persona se vuelve a comprometer con el individuo o la organización cristiana, por lo que se esforzará aún más para ser parte de ella y seguir las reglas.

"Tenía que portarme bien" (*LO*).

Muchas historias implican un ciclo de control, seguido de momentos positivos y de un nuevo compromiso. Este ciclo puede ser largo y muy dañino para las personas que se sienten cada vez menos capaces de confiar en sí mismos. Pueden empezar a cuestionar su propio sentido de la realidad y llegar a ser muy temerosos.

"Todo se basa en el miedo y no en el amor, el miedo a juzgar mal y a equivocarse" (*O&H*).

De hecho, este ciclo no es muy diferente del que se experimenta con otras formas de abuso, en el que el proceso de *grooming* se utilizará para generar una realidad alternativa y una sensación de confusión sobre lo que es correcto e incorrecto, de manera que las víctimas pierdan la confianza en su propio juicio.

Hora de irse

Para muchas personas hay un catalizador final que puede no ser un momento muy significativo. Con frecuencia es un momento coercitivo o de control que rebalsa el vaso y que los lleva a sentir que tienen que abandonar o escapar de la situación. Como el abuso espiritual todavía no es ampliamente reconocido, a menudo las personas sienten que no tienen otra opción más que irse. Si se quedan y cuentan su historia, temen que no se haga nada.

"El rebaño no tiene más remedio que irse" (*O&H*).

Dejar una iglesia o agrupación cristiana en la que se ha experimentado sufrimiento es muy difícil. Para muchos, su familia de la iglesia representa justamente eso, un grupo de personas con las que pasan tiempo, comparten sus vidas y, lo que es más importante, comparten la fe. Irse es una decisión muy relevante, y las personas saben el alto costo que pagarán. A menudo son aisladas después de irse.

> "Muchos de nuestros amigos más cercanos dejaron de hablarnos"
> (*LO*).

Las personas que permanecen en la iglesia pueden no entender la decisión de irse. Diederich (2017) sugiere que, generalmente, hay dos bandos donde ocurre abuso espiritual. El primero es el de aquellos que saben que algo está desesperadamente mal, el otro es el de aquellos que creen que todo está bien. Con frecuencia, los que están en el segundo bando se les hace realmente difícil entender las historias de los que hablan o de los que plantean preocupaciones. Esto no es porque tengan malas intenciones, es porque a menudo ellos no lo han vivido. De hecho, pueden haber tenido solo experiencias positivas. Por lo tanto, cuando algunos se van, para los que se quedan y están felices, puede ser difícil entender por qué los otros han decidido marcharse.

> "Algunos de los que eran tus amigos están tan encerrados en el sistema y tan manipulados que creen que tú eres el culpable" (*O&H*).

En otros casos, es posible que les hayan dicho algo que les impide contactarse después de que alguien se ha marchado.

> "Te has alejado de los ideales del grupo de tal manera que seguir relacionándose contigo es perjudicial. La mayoría te rechazará. Muy pocos se acercarán a preguntarte por qué te fuiste" (*O&H*).

Para los que todavía están dentro, puede resultar muy amenazador considerar por qué alguien tomó la decisión de irse y, a menos que hayan compartido experiencias, suele ser muy difícil conseguir que la gente entienda lo que ha sucedido.

> "Las consecuencias de conocer tu versión son demasiado costosas como para considerarlas, ya que ponen en peligro su propia posición dentro de la aparente seguridad del grupo. Entiende que ellos no lo entenderán, que no puedes ir y decírselos. Necesitan darse cuenta por sí mismos de que algo está mal" (*O&H*).

¿Todos tienen un compañero de mudanza?

En la película de Disney Pixar de 1995, *Toy Story*, Woody (un muñeco de vaquero) se dirige al resto de los juguetes –que están a punto de mudarse– y les pregunta si todos tienen un "compañero de mudanza". "Todos necesitamos un compañero de mudanza" les dice a los juguetes, por miedo a que alguien se quede atrás. Este parece un ejemplo trivial cuando estamos discutiendo un tema tan difícil, pero la idea es que las personas caminen juntas, y que todos los juguetes lleguen sanos y salvos a su lugar de destino.

> "Si te vas, la situación no cambia, otros caerán en el mismo abuso" (*O&H*).

A algunas de las personas que deciden abandonar las situaciones de abuso espiritual les preocupa que no puedan ayudar a los demás a llegar a un lugar seguro. Dejan amigos que todavía están inmersos en la situación y podrían estar sufriendo. A veces la gente siente culpa de tener que irse para protegerse, y se preocupa por los que se quedan. Además, se hace más difícil por el hecho de que muchos de los que todavía están ahí no son conscientes de la situación en la que se encuentran, o quizás no han sentido ningún impacto.

¿Qué le pasa a esa ventana?

Un miembro de la iglesia, al enfrentarse a la situación de que varios otros miembros estaban abandonando la iglesia, tuvo la sabiduría de reconocer que la culpa no era de estos individuos. "¿Qué le pasa a nuestra iglesia?" le preguntó a la última pareja que se fue. "Dos parejas que estaban en posiciones de liderazgo se han ido. Cuando se cae una ventana de una casa, piensas, ¿qué le pasa a esa ventana? Cuando se caen cuatro ventanas, te preguntas, ¿qué le pasa a esta casa? Entonces, te pregunto, ¿qué le pasa a nuestra iglesia?".

> "El ministro usó la frase 'han defraudado a todo el mundo' y eso continuó durante varias semanas. Extraoficialmente dejó claro –como lo había hecho con muchas otras parejas que se habían ido antes– que contactarse con ellos era desaconsejable" (*LO*).

Muchas personas que dejan las iglesias tienen que lidiar con que se les culpe y con comentarios negativos hacia su persona y carácter. Esta parte de la experiencia puede ser muy difícil. No solo te sientes dañado y perjudicado, a tus cercanos les dicen cosas sobre ti y no puedes responder. A menudo no te enteras de lo que dijeron de ti hasta mucho tiempo después. Todo esto puede ser como un doble silencio, la gente se va, pero a menudo no comparte su historia para tratar de proteger a la iglesia.

> "Generalmente, la gente se va de la iglesia en silencio. No quieren alborotar el gallinero. No quieren causar problemas" (*LO*).

Los que se quedan atrás pueden ser disuadidos de hablar con ellos, lo que perpetúa el silenciamiento de su historia, se convierte en algo que no se comparte. El proceso de salida y las secuelas de esta experiencia son enormes, hay que tener mucho cuidado en ofrecer un apoyo amable y tranquilizador a todos los que se van en estas circunstancias.

¿Ayuda u obstáculo?

Nos gustaría cerrar este capítulo volviendo a una de las cuestiones planteadas anteriormente: definir dónde están las líneas cuando hablamos de abuso espiritual. Esto es especialmente importante porque no queremos impedir que la Iglesia sea la Iglesia. No queremos crear una situación en la que las personas sientan que ya no puede enseñar a partir de las Escrituras, desafiar el comportamiento y actuar de la forma que las comunidades cristianas deberían hacerlo. Como hemos dicho, esta es una de las mayores preocupaciones que se nos han planteado sobre el trabajo que hacemos. Si bien la gente llega a los seminarios o conferencias con algún grado de preocupación, se van muy optimistas sobre la posibilidad de construir culturas cristianas sanas, y este es siempre nuestro objetivo. Hace poco hablé con una señora que me dijo que había asistido a uno de nuestros cursos, porque estaba muy preocupada por lo que estábamos haciendo, porque podría dañar a la Iglesia, pero después de escucharnos, estaba completamente de acuerdo.

Si miramos a través de las Escrituras, vemos que el comportamiento de las personas es a menudo cuestionado. No estamos diciendo que el desafío y la enseñanza deban cesar. Es importante que la gente sea capaz de escuchar las enseñanzas bíblicas y que se les anime a responder. Sin embargo, lo que realmente importa es cómo se hace esto. Hay dos cosas clave a considerar.

En primer lugar, cuando se enseñan mensajes o se comparten opiniones, se debe hacer en beneficio de la persona que recibe el mensaje y no de quien lo entrega. Es bueno comprobar la motivación que hay detrás de querer enseñar o compartir un mensaje en particular, y asegurarse de que es para el beneficio de aquellos que lo escucharán.

En segundo lugar, es importante permitir que las personas tomen sus propias decisiones sobre cómo responder a la enseñanza, la orientación o el desafío. Hace poco, conversamos en el grupo con el que nos reunimos en las casas sobre el pasaje del joven rico. En la historia de Marcos 10 un joven se acerca a Jesús y le pregunta: ¿qué tengo que hacer para heredar vida eterna? Jesús le responde. El joven considera sus palabras y lo que le está pidiendo, y decide que no quiere perder su riqueza. Discutimos lo que debe haber sido estar tan cerca de Jesús y tomar la decisión de no seguirlo. A lo largo de los años se han extraído muchos mensajes diferentes de este pasaje. Uno que nunca había escuchado es que este pasaje revela un Dios que claramente guía y enseña, pero también permite elegir la forma en que cada persona responde. Por lo tanto, hay un modelo aquí que demuestra que los mensajes bíblicos, que desafían a la gente, *pueden* ser entregados. Sin embargo, hay que darles a las personas la oportunidad de pensar y elegir cómo responder.

Nadie sostiene que las personas no deben predicar, enseñar o guiar. De hecho, puede ser que a medida que pensemos en estas cosas más cuidadosamente, sea más fácil enseñar y desafiar, siempre que lo hagamos con una actitud de respeto absoluto por la persona con la que estamos hablando. Debemos enseñar con calma y abiertamente, sabiendo que nuestros oyentes son libres de elegir cómo responder. Si hacemos esto sin presión o coerción, podemos esperar construir relaciones y comunidades sanas basadas en la enseñanza bíblica.

Resumen

Cuando leas este libro, es probable que empieces por el principio y te vayas abriendo camino. Quizás creas que este fue el orden en el que escribimos el libro. La verdad es que evitamos escribir este capítulo primero, y empezamos por el capítulo 3, pues es un desafío muy complejo definir el abuso espiritual. Hay tanto que considerar y pensar para llegar a desarrollar una definición que sea útil y provechosa. Existen muchas tensiones que hay que sopesar. Este capítulo trata de desentrañar algunas de esas dificultades y de compartir nuestro pensamiento actual sobre la base de los datos que hemos recogido a lo largo de los años. No pretendemos que este sea el texto final, de hecho, queremos volver a examinar tanto el término como la definición en el futuro. Esto es lo correcto y apropiado, en la medida que comprendemos y buscamos un mejor sustento para enfrentar y prevenir el abuso espiritual.

En este capítulo hemos dado una visión general de los procesos comunes asociados con el abuso espiritual y discutido algunos de estos elementos brevemente en la definición. En el capítulo 3 exploraremos con más detalle las características clave de esta forma de abuso.

3

¿Cuáles son las características principales del abuso espiritual?

"Las descripciones claras del comportamiento abusivo ayudan a levantar el manto de silencio y la venda de los ojos" (*O&H*).

Un laberinto de maíz

Cuando conduzco hacia el trabajo –cuenta Lisa–, paso por la escuela agrícola de la zona. Cada año cultivan un laberinto de maíz. Si lo visitas al comienzo, cuando las plantas están comenzando a crecer, es muy interesante porque te puedes hacer una idea de cómo será el laberinto final, y de los lugares que probablemente compliquen a los futuros visitantes. A medida que el maíz crece esto se hace más y más difícil de ver. Comprender las características clave del abuso espiritual también es una tarea difícil, que exploraremos juntos en este capítulo.

"No sabía realmente lo que era el abuso espiritual"

Una de las presentaciones más incómodas que he vivido ocurrió cuando en una conferencia me presentaron como: "¡La dama que hace abuso espiritual!" Tuve que explicar que en realidad trato de no hacerlo. La oradora que me presentó se disculpó más tarde y me dijo: "El problema es que no sabía realmente lo que era el abuso espiritual y a qué se parecía". No es la única, y muchas personas aún no han entendido realmente lo que se encuentra en el centro de una experiencia de abuso espiritual. Por lo mismo, es importante explorar estos aspectos clave, porque nos ayudan a reconocer cuándo existe el riesgo de que ocurra. También nos ayudan a empezar a entender lo que otras personas han experimentado cuando cuentan sus historias, permitiéndonos responder de una manera más efectiva y compasiva.

La historia que se presenta a continuación ilustra cómo puede desarrollarse inicialmente una comprensión limitada del abuso espiritual en alguien que lo ha experimentado, seguida de un creciente reconocimiento de lo que ha sucedido.

> Mi experiencia es que es posible experimentar abuso espiritual durante un período prolongado de tiempo sin darse cuenta. Estuve en una iglesia durante muchos años, y llevaba un año y medio trabajando para ella cuando tuve un colapso nervioso. Colapsé porque estaba tratando desesperadamente de entender una experiencia confusa y desestabilizadora que había tenido con el pastor. Mientras leía un libro de consejería cristiana encontré un capítulo sobre la intimidación y una descripción del abuso espiritual. Cada título describía la iglesia en la que estaba, y todos coincidían con mi experiencia. Estaba completamente impactada porque mi mundo comenzó a desmoronarse a mi alrededor. Tomé conciencia de que había sido abusada espiritualmente durante muchos años.
>
> Luego me di cuenta de que no me sentía segura de hablar sobre esto con nadie en la comunidad cristiana. La iglesia tenía una cultura de "informantes" en la que todos sabíamos que el pastor se enteraba de todo. La enseñanza teológica tenía un fuerte énfasis en las iglesias "verdaderas" y "falsas". Nos habían enseñado que solo nuestro pastor podía interpretar verdaderamente las Escrituras. En nuestra iglesia la gente también se sentía muy alienada de sus padres, incluso si nuestros padres eran cristianos, se nos enseñaba que ellos probablemente no eran cristianos "verdaderos". Los miembros eran instruidos para ser como niños. El punto es que no nos dimos cuenta, porque la iglesia era –y es– también un lugar muy "alegre" y estimulante. Tiene un claro propósito y misión (convertir a cualquiera que conozcas) y las personas que están "adentro" son a menudo alabadas y halagadas.
>
> Para resumir, el abuso espiritual es increíblemente sutil, no es visible en el exterior, y creo que muchas personas que lo experimentan no son conscientes de lo que les está pasando (*O&H*).

Control coercitivo

Como sociedad estamos empezando a entender el impacto del control coercitivo. En 2013, en Inglaterra, se amplió la definición de violencia y abuso doméstico para incluir el control coercitivo, que se define como "un patrón de comportamiento intencionado que tiene lugar a lo largo del tiempo con el fin de que uno ejerza poder, control o coerción sobre otro" (Ministerio del Interior Británico, 2015, p. 3). La introducción de este delito (comportamiento controlador o coercitivo en una relación íntima o familiar) en el artículo 76 de la Ley británica de delitos graves de 2015, fue en reconocimiento del papel que este comportamiento suele desempeñar en las experiencias de violencia doméstica y el daño que causa. La definición corregida demostró que el control coercitivo es perjudicial tanto si se combina con otras formas de abuso como si no. Aunque la nueva legislación se aplica actualmente solo a las relaciones íntimas o intrafamiliares, abre el debate sobre este comportamiento, que es igualmente relevante para la iglesia y el contexto cristiano. Cuando las personas experimentan un comportamiento coercitivo y controlador, sufren daño y heridas.

> "Empecé a darme cuenta de que, para diferentes personas, distintas áreas de sus vidas o experiencias podían ser usadas para controlarlas" (*LO*).

En todas las investigaciones que hemos realizado en esta área, la coerción y el control se discuten una y otra vez como sellos de abuso espiritual. Cuando les pedimos que definieran el abuso espiritual en nuestra encuesta más reciente, 415 personas (el 27% de las respuestas) hicieron referencia a estos factores.

> "La coacción o el juicio de otro dentro de una comunidad religiosa, que causa molestias innecesarias y aislamiento de ese sujeto; que domina... y controla a otros; que presiona a otra persona a actuar o tomar acciones usando a Dios, las Escrituras o los principios espirituales como herramienta de coacción" (*O&H*).

Bajo presión

En las experiencias de abuso espiritual, una de las formas en que se coacciona y controla a muchas personas es a través de la manipulación o la presión por servir o amoldarse. El uso de esta manipulación y aprovechamiento para controlar en una experiencia de abuso espiritual se viene observando desde hace algún tiempo (Enroth, 1994; Arterburn y Felton, 2001).

> "Personas en las iglesias que tienen cualquier forma de autoridad y que esperan o exigen que un individuo se amolde a su manera de pensar, de 'hacer iglesia', diciéndoles lo que tienen que hacer" (*O&H*).

> "Manipulación para hacer que la gente se sienta culpable para asegurar la obediencia" (*O&K*).

Estos factores fueron vistos como características clave del abuso espiritual en nuestra reciente investigación.

> "Cualquier acto o actitud... que ponga una presión espiritual, emocional y/o mental indebida... para comportarse de una manera particular o tener una actitud particular; manipulación de los pensamientos, sentimientos, sistemas de creencias de otra persona... que no permitan que la persona piense o cuestione, que socave la confianza de esa persona; manipulación emocional bajo el disfraz de rectitud" (*O&H*).

Muchas personas en sus historias informan haberse sentido bajo una presión indebida repetidamente e incapaces de decir que no a las crecientes exigencias de tiempo, servicio y obediencia.

> "Una vez que estás ahí... eres una presa fácil, eres un blanco fácil que espera ser empujado en cualquier dirección que quieran que vayas" (*LO*).

Una persona describió la creciente presión que existía en su iglesia para que estuvieran en cada reunión y brindaran horas de servicio. Ella dijo que se juzgaba a la gente por lo espiritual que era y por su relación con Dios. Si eran capaces de satisfacer las crecientes exigencias, entonces eran vistos como espirituales y con una buena relación con Dios; pero si no, eran vistos negativamente y la gente empezaba a asumir que tenían una mala relación con Dios. La Alianza Evangélica (2013) identificó esas cuestiones en su informe *Life in the Church?*, en el que constató que el 13% de los entrevistados, en una encuesta realizada entre 1.864 feligreses, creía que el líder de su iglesia controlaba o dominaba en exceso, y que el abuso espiritual era también una razón para abandonar la iglesia.

Está claro que para que los ministerios cristianos continúen, se necesitan actos de servicio. Sería imposible ofrecer la amplia gama de trabajos para niños y jóvenes, grupos para personas mayores o para aquellos que podrían considerarse "en riesgo de daño" que las iglesias ofrecen actualmente sin actos de voluntariado. Sin embargo, hay dos puntos importantes.

En primer lugar, que los actos de servicio no solo ocurren en la Iglesia. El Instituto de Cristiandad Contemporánea de Londres lleva años discutiendo el discipulado de por vida y la importancia de reconocer el trabajo y el servicio fuera de la Iglesia como discipulado cristiano. Necesitamos un cambio de actitud sobre cómo valoramos ese servicio. Si sólo cuenta el trabajo que se realiza dentro de la Iglesia, muchas personas que sirven fielmente fuera de ella –en su trabajo o roles como cuidadores familiares no remunerados– son olvidados o no valorados.

En segundo lugar, hay que tener mucho cuidado cuando los actos de servicio en la Iglesia se perciben como una medida de la relación que alguien tiene con Dios. Cuando se hace esta insinuación, la gente puede sentirse muy presionada a servir en ministerios en los que no está capacitada. De hecho, una persona sugirió que esta es la razón por la que muchos cristianos "pueden consumirse en sus esfuerzos" (*LO*), cuando "el afán por tener éxito y la presión por servir se convierte en el foco principal" (*O&H*).

Dios los cría y ellos se juntan

Además de la presión para proporcionar tiempo y servicio, existe una verdadera presión para amoldarse a las expectativas y para creer exactamente lo mismo que el resto en el contexto de la Iglesia.

> "Exigirle a una persona que se adapte a su forma de pensar y 'hacer iglesia' o decirle qué hacer" (*O&H*).

Solía usar una imagen de cuatro corbatas humitas que hablan de una corbata normal para ilustrar esto. Una humita que habla de la corbata le dice: "Pensé que él era como nosotras, pero es diferente". Todas son corbatas, pero como la corbata normal se ve diferente, no pertenece. En las experiencias de abuso espiritual, comportarse y creer lo mismo puede considerarse como una medida de la fe de las personas y utilizarse para determinar si realmente pertenecen. Diederich (2017) plantea que hay un énfasis en el amoldarse en contextos abusivos a expensas de centrarse en las relaciones.

> "La coerción para amoldarse a un sistema de creencias y que el estar en desacuerdo con esta fe podría conducir a alguna forma de retribución" (*O&H*).

En ocasiones, la respuesta a quien no se amolda puede ser el rechazo por parte de una persona o del grupo, pero a veces las consecuencias espirituales pueden ser amenazantes.

> "Intimidar a las personas para que se amolden a una doctrina particular. Amenazar con un castigo de Dios si una persona no cumple o no se ajusta a ciertas enseñanzas" (*O&H*).

Obviamente, hay doctrinas cristianas fundamentales que sostienen la fe. Pero hay una diferencia entre creer y pertenecer. Si la pertenencia solo ocurre si compartes la misma creencia, entonces la gente puede ser excluida. Reconocemos que hay muchas posiciones doctrinales que se sostienen a través de las diferentes expresiones de la Iglesia. No estamos diciendo qué posición doctrinal debe tener y enseñar la gente. Lo que sí estamos diciendo es que nos importa el cómo tratamos a las personas que no están de acuerdo con nosotros. Si presionamos a la gente para que esté de acuerdo con nuestro punto de vista nos alejamos de la libertad que Dios nos da para elegir.

Ser responsable ante ti mismo

Además de la presión para servir, las personas han experimentado una coacción indebida para rendirle cuentas al otro. Compartir con alguien que has elegido para rendirle cuentas, dentro de límites sanos, puede apoyar tu camino cristiano. "La verdadera rendición de cuentas es algo bueno" (*LO*). Sin embargo, cuando esto es forzado y se le dice a la gente que debe compartir cada aspecto de su vida para el escrutinio, esto puede llevar a coerción y presión.

> "Recuerdo haberme sentido presionado y empujado a actuar. El control se había convertido en un yugo para mí. Me sentí cuestionado y criticado. Cada movimiento que hacía parecía ser observado y juzgado" (*LO*).

Es importante que respetemos la elección de las personas. Quienes decidan entablar una relación de rendición de cuentas deben sentirse capaces de elegir un compañero y establecer límites. Y también sucede que hay momentos –donde existe un acuerdo de prevención– en que la rendición de cuentas no es una opción. Sin embargo, incluso en esas circunstancias la persona debe ser tratada con dignidad y respeto.

> "No puedo ir a ninguna parte o hacer nada sin dar explicaciones y justificar dónde estaba, y eso no me gusta para nada" (*LO*).

Arenas movedizas

Uno de los aspectos más desafiantes y psicológicamente difíciles del abuso espiritual es el cambio de las percepciones de la realidad. Cuando las personas experimentan un comportamiento controlador, esto puede ir seguido de una negación del incidente o de una relectura o tergiversación de la historia que sugiera que el comportamiento fue realmente positivo o beneficioso.

Gaslighting es un término del inglés coloquial cuyo uso se ha vuelto muy común en las redes sociales. El concepto se originó en una obra de teatro británica de 1938 llamada *Gaslight* (Luz de gas) en la que un marido manipula a su mujer para que ella crea que se está volviendo loca. El término significa hacer que alguien o un grupo de personas duden de sí mismas, llevándolas a cuestionar su propia memoria, su forma de ver el mundo y, en casos extremos, su cordura. A lo largo de las muchas historias de abuso espiritual hay ejemplos de personas que dudan de sí mismas y que fueron persuadidas a pensar que no vieron las cosas con claridad. Esto llevó a algunas personas a dudar y cuestionarse.

> "Pensé que era yo, que me estaba volviendo loco" (*LO*).

Este aspecto de la experiencia del abuso puede obstaculizar el proceso de recuperación cuando las personas no se sienten capaces de confiar en sí mismas.

El silencio es oro

Hay una famosa canción de amor que el marido de mi prima le cantó en su boda. Básicamente dice así: no necesitas decir nada, me demuestras que me amas de muchas maneras.

En las historias de abuso espiritual se puede esperar que el silencio sea una señal de amor y obediencia. La gente cuenta que tienen que callar cuando no están de acuerdo, no pueden hacer preguntas o plantear preocupaciones y no pueden compartir cuando se sienten dañados y heridos.

> "Donde la gente, ya sea en una comunidad cristiana, liderazgo... es controlada o manipulada para que... guarde silencio" (*O&H*).

> "Y no hagas preguntas. Hagas lo que hagas, no preguntes. El silencio es oro" (*LO*).

Muchas personas se dan cuenta de que no todo lo que brilla es oro recién cuando preguntan, demuestran su desacuerdo o plantean una preocupación. En el capítulo 2 discutimos cómo el "período de luna de miel" puede durar mucho tiempo. Una cosa que puede terminar este período es el cuestionamiento o el desacuerdo.

> "La primera vez que hice una pregunta recibí una respuesta tan negativa que me hizo pensar que esto simplemente no estaba bien" (*O&H*).

El uso de la censura es parte de las historias de abuso espiritual. Es poderosa porque, si la persona se siente incapaz de hablar, entonces todo el sistema y los que controlan a los demás permanecen protegidos.

> "Como las personas permanecen en silencio los que abusan están a salvo, y sus prácticas continúan" (*O&H*).

Johnson y VanVonderen (2005) lo describen como una regla de "no hablar". El secreto y el silencio se señalan como características clave del abuso espiritual en gran parte de los escritos de esta área (Appleton, 2003; Arterburn y Felton, 2001; Parsons, 2000). En muchos relatos, las personas que plantean preguntas, o incluso que cuestionan el control que ven, enfrentan una resistencia muy fuerte. Esto podría incluir que sean aislados o juzgados.

> "La gente podía entrar o salir. Todo lo que tenías que hacer para permanecer en el círculo era seguir en el juego. Y no hacer preguntas" (*LO*).

> "Johnson y VanVonderen (2005) sugieren que las personas que alertan de un problema son etiquetadas como el problema. Esto puede llevarlas simplemente a quedarse calladas. 'Aprendí que, si tienes un problema, es mejor no decir nada'" (*LO*).

Otra forma de silenciar a alguien es que su abusador espiritual –u otra persona del contexto de la Iglesia– le diga que no comparta su historia. Tal es el deseo de "proteger" a Dios, a la Iglesia o al individuo, que se les sugiere que es mejor no hablar. La motivación detrás de esto puede ser a veces bien intencionada, pero causa más dolor y hace que hablar y obtener ayuda sea más difícil. Una señora explicó a su ministro el abuso espiritual que le había causado un miembro de la Iglesia y éste le dijo que era mejor "no decir nada" (*LO*). Le señaló que finalmente la persona "se marcharía" (*LO*). Farrell y Taylor (2000) puntualizan que, en las experiencias de abuso sexual infantil por parte del clero, Dios puede ser usado como parte de la estrategia de silenciamiento. Es evidente que, en los casos de abuso de la Iglesia, la protección de Dios o de la institución es a menudo un factor que impide que las personas se sientan capaces de contar su historia, y el abuso espiritual no es la excepción.

En el capítulo 2 vimos cómo a veces cuando las personas experimentan abuso espiritual terminan finalmente tomando la decisión de irse, pero su silencio continúa incluso después de haberse ido. "Por lo general, se van de la iglesia en silencio" (*LO*). La gente a menudo se va sintiéndose dañada y dolida, y no quiere compartir su historia porque piensan que, al hacerlo, "se arriesga a parecer sacrílego y poco comprometido" (*O&H*).

La última capa de silencio es que los cristianos y la gente de fe, en general, no conversan sobre el abuso espiritual. El tema es incómodo, incomprendido y desafiante, y a menudo se ignora, esquiva, evita o minimiza. Una consecuencia de esto es que las experiencias de las personas no se reconocen, o no se responde bien a ellas. Se permite que los ciclos de comportamiento abusivo continúen, y el desarrollo de culturas y relaciones sanas no son prioridad.

> "El silencio que rodea al abuso espiritual permite que continúe… las situaciones abusivas pueden seguir durante años, creando un número cada vez mayor de personas que abandonan la iglesia, se vuelven cínicos dentro de ella, o se toman el tiempo para encontrar gradualmente sanación y apoyo" (*LO*).

Mirar hacia adelante

Algunos de los peores desastres de la historia han ocurrido por algo que los psicólogos denominan como "pensamiento de grupo" (Janis, 1972). Este fenómeno ocurre cuando todos comparten las mismas opiniones, no hay desacuerdos y nadie se cuestiona nada. El debate y el cuestionamiento sano pueden llevarnos a tomar decisiones informadas. Es importante que podamos hacer preguntas y estar en desacuerdo dentro de las comunidades cristianas. Aunque también importa *cómo* discrepamos, hacemos preguntas y planteamos nuestras preocupaciones. Una vez, una mujer nos contó que en una reunión los miembros de la iglesia empezaron recitando el Padre Nuestro y finalizaron dando las gracias, pero entremedio se hicieron pedazos verbalmente. Según ella, llegó a pensar que la gente esperaba que la maldad quedara tapada entre la primera y la última oración.

Nosotros, los autores, estamos muy convencidos de que el proceso es tan importante como el producto. La forma en que nos tratamos mutuamente en los cuestionamientos y desacuerdos es tan importante –si no más importante– que la decisión final. Dicho esto, hacer preguntas o estar en desacuerdo no es insano, ni desobediente, ni una señal de fe limitada.

> "Hacer preguntas con franqueza y honestidad disipa la oscuridad. Elimina el silencio. Libera a la gente" (*LO*).

No debemos sentirnos obligados a guardar silencio cuando estamos preocupados o no entendemos. De hecho, nunca deberíamos ser presionados a guardar silencio. Obviamente, hay una clara enseñanza bíblica sobre los chismes y las descalificaciones a los demás, pero no estamos hablando de eso. Cuando las personas tienen preocupaciones o preguntas genuinas, deben ser capaces de plantearlas respetuosa y apropiadamente. Cuando sufren control y coacción de manera sistemática, deberían poder contar sus historias a alguien de su confianza sin temor a represalias personales o espirituales.

Ya has probado el resto, ahora prueba lo mejor

Otra cuestión que dificulta el desafío de hablar es la idea de que esta iglesia o agrupación en particular es de alguna manera superior y selecta. Es mejor que otras. Tiene la verdad real. Los escritores de esta área señalan la tendencia de las personas que se encuentran en contextos de abuso espiritual a creer que su iglesia o agrupación es superior, que tiene una mayor comprensión de las Escrituras o que podría ser el único lugar en que realmente se predica la verdad (Diederich, 2017; Appleton, 2003; Arterburn y Felton, 2001). Esta visión inflada conduce a una serie de efectos perjudiciales. Por ejemplo, puede disuadir a algunos de estar en comunión con otros cristianos, o los miembros pueden ser activamente desalentados de esto.

> "No les gustaba que su comunidad cristiana se mezclara con gente de otras iglesias" (*LO*).

Puede hacer que alzar la voz sea un desafío, y que salirse sea muy difícil. Puede haber un verdadero temor de que si este lugar tiene la verdad entonces marcharse pone a esa persona en una posición peligrosa social y espiritualmente. También genera una actitud insana de desunión. Pensar que una iglesia o agrupación es superior a otra va en contra de la construcción conjunta del reino.

Este año –cuenta Lisa–, inicié el trabajo con los jóvenes con una discusión sobre las resoluciones de Año Nuevo. Le pedí a la gente de la iglesia que me enviara sus resoluciones y luego hice que los jóvenes trataran de adivinar de quiénes eran. Pero no lograron adivinar ni una. Un propósito fascinante venía de uno de nuestros líderes de la iglesia.

> "Me propuse usar la palabra 'iglesia' solo cuando me refiriera a todos los cristianos del pueblo o a todos los cristianos del mundo".

Su texto terminaba diciendo: "¡Probablemente no sea la más interesante!" Pero yo lo encontré fascinante, porque lo que en realidad estaba diciendo era que no quería hablar de la iglesia solo en el contexto de nuestra expresión local. Por el contrario, quería reconocer que pertenecemos a algo más grande. Somos muchos miembros de la misma fámilia.

Es precisamente esta actitud la que protege contra la superioridad y el elitismo. En todo el país vemos ejemplos de iglesias que trabajan juntas y el gran impacto que esto tiene. En nuestra propia ciudad tenemos un centro de asesoramiento de deudas CAP (*Christians Against Poverty*), que recibe apoyo de tres iglesias diferentes. Entre ellas proporcionan trabajadores, socios, apoyo en la oración, finanzas y prontamente una bolsa de trabajo. Todo gracias a que las iglesias decidieron trabajar juntas. Podemos reconocer que algunas iglesias tienen fortalezas particulares e incluso distintas experiencias, pero tenemos que pensar en nosotros como un recurso colectivo. Donde veamos marcas de elitismo deberíamos detenernos a reflexionar.

¡Se basa en el miedo!

La Biblia nos dice que "no hay temor en el amor; sino que el amor perfecto expulsa el temor" (1 Juan 4,18). Vivir con miedo tiene todo tipo de impactos negativos, psicológicos y, a veces, físicos y espirituales. Cuando la persona cuenta su historia de abuso espiritual, a menudo hay una fuerte sensación de miedo. Davis-Weir (2015) sugiere que en en estas experiencias a menudo el control se ejerce en forma de miedo. En nuestra encuesta más reciente, algunas definiciones de abuso espiritual revelaron el miedo como un aspecto clave.

> "Cuando una persona le dice a otra en qué creer y cómo comportarse, a menudo amenazándolo con graves consecuencias, lo que hace es controlar mediante el miedo; usar... el poder y la influencia para que hagas, te comportes, te sientas de la manera en que te dicen, y te aseguran que esta es la única manera. Ésto aísla, causa miedo y autodesprecio" (*O&H*).

Algunos encuestados admitieron sentir miedo porque habían visto cómo se aislaba o rechazaba a otros cuando no hacían lo que se esperaba de ellos. A veces el temor se debía a las supuestas consecuencias que habría por no cumplir. Algunas de esas consecuencias son espirituales y las examinaremos más adelante en este capítulo.

En una experiencia de abuso espiritual, el aislamiento suele ser una respuesta al cuestionamiento o a la desobediencia. La gente se da cuenta que puede ser rechazada o excluida, ya sea abierta o sutilmente. Benyei (1998) se refiere a este proceso "que busca aislar miembros, dentro de los muros de la comunidad, de manera muy parecida a una celda de confinamiento solitario" (p. 110). Se espera obediencia, y la falta de ella o de adaptación se interpreta como una falta de compromiso con el individuo abusivo o incluso con Dios. Esa desobediencia puede ser entonces castigada con aislamiento o rechazo.

> "Su decisión de no hacer todo lo que se exigía de ellos los llevó a terminar aislados y solos. Se les quitó el favor, posiblemente los sacarían de su ministerio. Sin duda, apartados de la amistad, ya no formaban parte del 'círculo íntimo'. Su destino era ser desechados. Habían servido su propósito, y ahora estaban obsoletos" (*LO*).

Algunas personas experimentaron vergüenza o humillación pública como parte de sus historias.

> "En una reunión de la Iglesia el ministro decidió decirle a toda la comunidad que pensaba que éramos desobedientes y problemáticos. Vivimos con la vergüenza de esa experiencia durante años" (*LO*).

Las personas temen ser excluidas, juzgadas y rechazadas, y esto podría explicar por qué se quedan en el sistema o por qué no hablan de sus preocupaciones o del control que experimentan. Es realmente importante entender el nivel de miedo que muchas personas han sentido. Esto hace que sea muy difícil para ellas confiar en el futuro, y deja en evidencia que es esencial dar una respuesta efectiva a quienes se abren a contar su experiencia de abuso espiritual.

¿No es simplemente abuso psicológico o institucional?

A veces se ha sugerido que el abuso espiritual es un abuso psicológico o institucional y que eso es todo lo que necesitamos saber. En el capítulo 2, exploramos este argumento más a fondo. Nosotros consideramos que cuando el comportamiento coercitivo y controlador es consistente durante un período de tiempo, es una forma de abuso emocional y psicológico. Sin embargo, también sostenemos que algunos de los aspectos más perjudiciales de esta experiencia están relacionados con el uso de las Escrituras y el nombre de Dios para exigir obediencia, con la indicación de que la persona que abusa tiene una posición divina. Esto a su vez tiene un impacto en las personas tanto espiritual como emocional y psicológicamente.

> "Esta experiencia daña el espíritu de la persona; esto es perjudicial para la gente... y su relación con Dios o camino de fe" (*O&H*).

Esta sección explorará algunos de estos aspectos.

¡Porque la Biblia lo dice!

En las actividades de vacaciones en las que participo en nuestra iglesia –relata Lisa–, una de las canciones que los niños cantan se llama *Toda Escritura es inspirada por Dios*. Incluso, tienen una serie de movimientos para acompañarla. La canción dice que las Escrituras son útiles para "enseñar verdades y descubrir cómo vivir para Dios". Los mensajes reflejados en esta simple canción son verdades fundamentales para los cristianos. En muchas situaciones la enseñanza bíblica sustenta la vida de los fieles. Los mensajes semanales basados en pasajes bíblicos nos ayudan a explorar la vida desde una perspectiva cristiana. Nos desafían de manera útil sobre la forma en que vivimos, y nos animan a seguir en nuestro camino de fe. La enseñanza cristiana se imparte en una variedad de formatos basados en la doctrina.

Citar la Biblia tiene un gran poder. En las definiciones e historias de abuso espiritual de muchas personas queda claro que se hace un mal uso de las Escrituras para controlar o coaccionar.

> "El mal uso de las Escrituras para controlar y manipular" (*O&K*).

> "Usar las Escrituras para golpearte en la cabeza con ellas" (*O&K*).

> "El acto de usar las Escrituras bíblicas y la propia posición dentro de la Iglesia como un medio para aprovecharse o coaccionar a un individuo para que haga lo que ellos quieren con el fin de ganar emocional, física o financieramente; o para controlar a ese individuo" (*O&H*).

Esta es una de las características del abuso espiritual en la fe cristiana que la distingue de otras formas de abuso emocional o psicológico. Usar las Escrituras para controlar a alguien o para presionarlo es a menudo una parte muy dañina de las historias de las personas. Por lo general, se trata más de la voluntad de quien cita las Escrituras que del bienestar o el desarrollo de la que las recibe.

> "El uso de versículos, ideales bíblicos o enseñanzas de la Iglesia para coaccionar o manipular a otra persona o grupo de personas para que hagan lo que tú quieres para tus propios propósitos" (*O&H*).

Las Escrituras se pueden compartir en una conversación individual para ejercer presión o en una iglesia completa.

> "La iglesia local como un cuerpo corporativo o la denominación como un todo presiona insoportablemente a los miembros para que crean en ciertas cosas y/o se comporten de ciertas maneras, porque eso es lo que la Biblia enseña" (*O&H*).

Los cristianos quieren seguir la Biblia lo mejor posible. Así que, cuando alguien te muestra las Escrituras o te las cita para apoyar su argumento, es muy difícil estar en desacuerdo o cuestionar.

> "El uso de la religión o de la Biblia para obligar a alguien a hacer algo en contra de su voluntad" (*O&H*).

Un encuestado describió su experiencia así:

> "Cada vez que él quería que hiciera algo, citaba las Escrituras. Cuando quería que le dedicara más tiempo a la Iglesia me citaba los sacrificios. Cuando le preguntaba sobre algo que me hacía sentir incómodo me hablaba de la obediencia. Era realmente difícil argumentar, no podía discutir con las Escrituras, era como si estuviera discutiendo con Dios. Me sentía cada vez más presionado" (*LO*).

En 2017, las acusaciones contra John Smyth surgieron en un artículo de Cathy Newman en *Channel 4 News*, en el que algunos hombres denunciaban que habían experimentado abusos en campamentos cristianos en los años 70 y 80. Sus relatos describían horribles castigos físicos que se sustentaban en un razonamiento bíblico y muchas de las víctimas discutían el papel que las Escrituras habían jugado en su abuso. Según Mark Stibbe (2018), Smyth usaba la Biblia para justificar sus creencias y prácticas, y usaba versos como 2 Samuel 7,14 para legitimar el abuso: "Yo seré para él un padre y él será para mí un hijo". "Si hace mal, le castigaré con vara de hombres y con golpes de hombres" (Stibbe, 2018). Este caso muestra cómo las Escrituras pueden ser usadas poderosamente para coaccionar y controlar.

¿Recibiste el mensaje?

En trabajos anteriores (Oakley, 2009; Oakley y Kinmond, 2013) discutí los discursos bíblicos y el papel de estos en el abuso espiritual. En trabajos más recientes vuelvo a referirme al "control a través del uso de textos sagrados" (Oakley, 2018). Los textos bíblicos son básicamente los grandes mensajes o temas clave de la Biblia, uno de los cuales sería el amor. Esta idea recorre claramente la Biblia y sustenta gran parte de la forma en que los cristianos tratan de vivir sus vidas.

Hay también otros mensajes. Uno de ellos es sobre la obediencia. La Biblia incluye una descripción de la gente que es obediente a Dios. El mejor ejemplo de obediencia es Jesús, quien "se humilló a sí mismo, obedeciendo hasta la muerte, y muerte de cruz" (Filipenses 2,8). La Biblia nos llama a vivir una vida de obediencia, a ser obedientes a Dios y a nuestros líderes: "Obedeced a vuestros dirigentes y someteos a ellos" (Hebreos 13,17). En muchos sentidos este es un modelo sano y bueno a seguir. Sin embargo, la Biblia también es clara en cuanto a que los líderes deben tratar bien a los que dirigen y no abusar del poder que tienen (Mateo 23). Volveremos y revisaremos este tema con más detalle en el capítulo 5. Es importante que el mensaje de obediencia no se utilice para controlar a otros o para coaccionarlos. Y que no se use como una medida de la cercanía de las personas: "Si me amas, obedéceme" (*LO*). Aunque las personas pueden ser desafiadas y guiadas, no deben ser presionadas y controladas.

Otra idea es la unidad. La Biblia está llena de mensajes sobre la importancia y la belleza de un pueblo unido. Nos recuerda que todos somos miembros de un cuerpo unido. "Ahora bien, ustedes son el cuerpo de Cristo, y sus miembros cada uno por su parte" (1 Corintios 12,27). La Biblia nos pide que trabajemos juntos, que nos respetemos unos a otros y que protejamos la unidad del cuerpo, "que colmen mi alegría, siendo todos del mismo sentir" (Filipenses 2,2), "para edificación del Cuerpo de Cristo, hasta que lleguemos todos a la unidad de la fe" (Efesios 4,12-13). Una vez más, todos éstos son principios importantes para construir una cultura y relaciones sanas. El mensaje de unidad solo se vuelve problemático cuando se utiliza mal, cuando no te permiten hacer preguntas genuinas o estar en desacuerdo porque "amenazaría la unidad". En este caso, el mensaje se está usando de mala forma para ejercer control. En muchos relatos de abuso espiritual, el mensaje de unidad se utiliza para censurar, controlar o coaccionar a la gente. En las palabras de una persona, el mensaje era "mantén la cabeza baja y la boca cerrada, y nadie saldrá herido. Considéralo como una forma de mantener la unidad" (*LO*).

Lo que importa es cómo se aplica

Una de las principales preocupaciones que nos han planteado a lo largo de los años –en relación con el abuso espiritual– es que, al explorarlo y exponerlo, podría dar lugar a problemas reales para la predicación y la enseñanza. A los creyentes les preocupa que los predicadores no puedan compartir posiciones doctrinales en la enseñanza, por temor a ser acusados de abuso espiritual. Es importante que el trabajo en esta área no restrinja la libertad religiosa. No buscamos decirle a la gente qué posiciones deben tomar en algunos de los mensajes más debatidos de la Biblia. Estamos diciendo que la forma en que se aplica el mensaje importa. Si se predica uno que desafía o toma una posición particular sobre un tema, entonces eso puede no ser, en sí mismo, un abuso espiritual. Sin embargo, si las personas son coaccionadas y controladas –y esto causa daño y sufrimiento– entonces sí podría constituir un abuso espiritual. Esta es una distinción importante. Las perspectivas doctrinales polémicas pueden compartirse, pero siempre hay que tratar a las personas con respeto.

Un cartucho de dinamita

Necesitamos entender cuán poderoso es el uso de las Escrituras y el impacto que estas pueden tener en la vida de las personas. He escuchado repetidas veces historias en que la Biblia se ha usado para coaccionar, condenar y controlar. Para muchos, este es uno de los aspectos más dañinos de la experiencia. En ese momento se sentían incapaces de estar en desacuerdo, porque la Biblia se usaba para apoyar lo que se les decía. Después de tener experiencias como éstas, muchos tienen miedo de la Biblia o simplemente la ven como una herramienta de control. Esto debería preocuparnos. Primero, por el nivel de daño que se les causa a las personas. Segundo, porque a menudo el impacto de esta experiencia deja a la persona incapaz o atemorizada de leer la Biblia de nuevo. Nos queda claro que la Biblia es como un cartucho de dinamita. Es muy poderosa y cuando se utiliza bien puede desafiar la injusticia, el orgullo, el comportamiento dañino y hablar contra la corrupción. Pero cuando se usa mal puede romper las relaciones, destruir la autoestima y la confianza en uno mismo, y sacudir los cimientos de la fe. Tenemos que considerar seriamente cómo la usamos y el impacto que tiene.

"¡No toques a mis ungidos!" (1 Cro 16,22)

Cuando un joven de la iglesia me contó un domingo que se había comido todos los chocolates porque "Jesús se lo había dicho", no me costó darme cuenta de que su actuar carecía de respaldo divino. De igual forma, cuando él mismo sugirió que se sentía "llamado" a comer chocolate para salvar a otros de subir de peso, no creí realmente que fuera una vocación divina. Sin embargo, la Biblia está llena de personas a las que Dios llama a funciones concretas para propósitos específicos. La historia está repleta de héroes y heroínas de la fe, a quienes muchos describirían como ungidos y elegidos. Por lo tanto, no estamos cuestionando esta idea.

Sin embargo, en los casos de abuso espiritual a veces a las personas se les puede decir que no pueden cuestionar o estar en desacuerdo con un individuo porque esa persona es el "ungido" o "elegido" de Dios. Davis-Weir (2015) señala frases como "no toques a mi ungido", "Dios me eligió para custodiarte espiritualmente" y "si me desobedeces, desobedeces a Dios" como expresiones comunes que se usan en experiencias de abuso espiritual. Mark Stibbe (2018) señala que John Smyth asumió una "posición divina" en los campamentos. Algunos sobrevivientes también comentaron estas ideas:

> "En realidad creíamos el consenso general –que subyacía en cada conversación de nuestra iglesia– de que nuestro pastor era 'el ungido de Dios' de una manera especial, y que realmente no debía ser cuestionado" (*LO*).

A veces se indica que el abusador es la única persona que realmente puede escuchar o hablar con Dios (Chrnalogar, 2000) y esto los coloca en una significativa posición de poder.

> "En nuestras vidas, nuestro abusador era un sustituto de Dios, él nos comunicaba lo que Dios decía sobre situaciones particulares" (*LO*).

> "Los líderes que finalmente afirman ser los únicos que pueden hablar con Dios se ponen en una posición de poder que pueden aprovechar" (*O&H*).

Si bien no negamos la noción de que hay personas elegidas y ungidas, consideramos que esto no pone a las personas por encima de todo cuestionamiento. De hecho, la Biblia es clara en cuanto a que los líderes y los que están en posiciones de poder deben tener mucho cuidado en la forma en que ejercen esa autoridad (examinaremos esto más adelante en el capítulo 5). Otros que se sienten llamados a una posición o propósito deben ejercer igual cuidado, para asegurarse de que respetan y valoran a aquellos con los que interactúan.

También es importante que animemos a las personas a desarrollar sus propios caminos de fe. El Nuevo Testamento es claro: cualquiera puede rezar, no necesitamos un sacerdote para proporcionar acceso a Dios. Por lo tanto, es necesario poner en duda la idea de que las personas no pueden escuchar o hablar con Dios por sí mismas, o que no son capaces de manejar el impacto que su camino de fe debería tener en sus vidas.

¿Está Dios detrás de esto?

Como hemos dicho, las experiencias de abuso espiritual incluyen la coerción y el control, pero lo que puede ser realmente perjudicial es la idea de que Dios está detrás, o está de acuerdo con el comportamiento dañino.

> "Se presentó como si Dios mismo estuviera detrás del comportamiento abusivo, me sentí como si Dios fuera cómplice, cuando promovía una imagen de Dios como si estuviera de acuerdo con todas las actitudes y acciones del abusador" (*O&H*).

Es también dañino usar el nombre de Dios como medio de coacción.

> "Usar el nombre o sentimiento religioso de Dios (o de otro dios) para alcanzar poder sobre alguien y coaccionarlo a realizar acciones que de otra manera no haría, o a tener sentimientos que no tendría" (*O&H*).

> "Daño a la persona en nombre de Dios" (*O&K*).

Cuando la gente experimenta un comportamiento coercitivo y controlador en el nombre de Dios, puede dañar significativamente su propia fe y creencia en Dios. Por lo tanto, todos deben tener cuidado en cómo usan el nombre de Dios y lo que dicen que Él apoya. Es esencial que las personas no sean manipuladas de esta manera ya sea intencionalmente o no.

¡Nunca irás al cielo!

Mientras escuchaba a una señora contar su historia de abuso espiritual me alarmó oírla decir: "Me dijeron que nunca iría al cielo". Su experiencia terminó con su salida de la iglesia. Llevaba consigo una carta que había escrito un líder, en la que él ponía en duda si ella iría al cielo. Esta mentira permaneció con ella durante años hasta que la alentaron a leer Juan 3,16 y se tranquilizó luego de ver lo que dice la Biblia sobre cómo llegar al cielo. Las amenazas de consecuencias espirituales son comunes en las experiencias de abuso espiritual: "mantener la amenaza de la desaprobación divina si la persona que está siendo abusada no se somete" (*O&H*).

No todas las amenazas son tan extremas como la descrita anteriormente, pero las nociones de no ser bendecido o de no estar en la voluntad de Dios son muy comunes. Según un encuestado el abuso espiritual a menudo incluía "la amenaza de un castigo de Dios si la persona no cumplía o no se ajustaba a ciertas enseñanzas" (*O&H*).

No debemos subestimar el impacto de tales amenazas en un individuo. Las amenazas de consecuencias espirituales suelen ser aterradoras y muy difíciles de contradecir, especialmente si uno se siente menos preparado en cuestiones espirituales que la persona que hace la amenaza. Debemos tener mucho cuidado con la forma en que hablamos a la gente sobre las consecuencias espirituales. También evitar sugerir que alguien que no está de acuerdo o que no cumple con las peticiones de servicio y obediencia estará, por ello, sujeto a consecuencias espirituales. Este es uno de los aspectos más dañinos y duraderos de esta experiencia.

Para terminar este capítulo, examinaremos un caso de abuso espiritual que condujo a un fallo de un tribunal de la Iglesia de Inglaterra en enero de 2018.

Un caso de estudio: abuso de autoridad espiritual

En 2018, un fallo histórico del tribunal de la Iglesia de Inglaterra cambió la cara del abuso espiritual en el Reino Unido. Un ministro anglicano fue condenado por un tribunal de la iglesia por "abuso de autoridad espiritual" contra un joven adolescente. Este caso fue el primero de su tipo. Pensamos que podría ser útil repasar algunos de los detalles tomados de las actas del tribunal (que aparecen en cursiva). Utilizaremos este ejemplo de la vida real para mostrar las características del abuso espiritual tal como ocurrió en este caso. El texto entre corchetes es nuestro para proteger la identidad de los individuos afectados.

Algunos antecedentes: el adolescente tenía entre 15 y 16 años cuando ocurrieron los incidentes que se describen a continuación. El ministro en ese momento *tenía cincuenta y tantos años y había sido sacerdote por más de 25 años, y antes de eso era maestro y encargado de los jóvenes.* El pastor del grupo de jóvenes de la iglesia estableció un programa de mentoría. El ministro fue mentor del adolescente durante 20 meses. Se instruía a los mentores que debían cumplir con *las políticas de prevención o protección de los menores en todo momento cuando se reunían con los jóvenes.*

El ministro y el adolescente comenzaron a reunirse para la mentoría. Primero en la sala de la casa de la familia del adolescente, pero *luego [el ministro] sugirió que la sala no era adecuada, porque era demasiado pública, y si querían compartir cosas debían ir a su habitación. Las reuniones duraban dos horas más o menos. En los encuentros estudiaban la Biblia y oraban el uno por el otro. Durante la oración ponían sus manos sobre la cabeza, los hombros, el pecho y la espalda del otro. También jugaban un juego de "confianza" en el que uno de ellos caía hacia atrás para que el otro lo atrapara. [El adolescente] dijo que. . . [el ministro] . . . hablaba con él por teléfono todos los domingos por la noche después de la actividad pastoral juvenil y que el contacto creció hasta que se veían a diario, todos los días estudiaban la Biblia y oraban el uno por el otro hasta una hora y media al día.*

En la discusión anterior sobre las características del abuso espiritual, dialogamos en torno al requisito por mayor compromiso y tiempo, lo que se ve claramente en este caso, con el aumento del contacto entre ambos.

Otras características del abuso espiritual incluyen la censura y el silenciamiento, y la incapacidad de cuestionar o discrepar, lo que es evidente también aquí. El adolescente informó lo siguiente al tribunal sobre la cantidad de contacto que debía tener con el ministro. *Dijo que a él le parecía demasiado intenso, pero que le resultaba imposible decirle* [*al ministro*] *que quería menos contacto.* Más tarde, el adolescente volvió a decir: *"Sentí que no podía contradecirlo".* El joven relata el miedo que experimentó cuando el ministro le preguntó qué pensaba de la mentoría. [*El ministro*] *le pidió su opinión sobre la mentoría y el joven le dijo que estaba contento con ella... "Estaba demasiado asustado como para dar cualquier otra respuesta".*

Además, se informó que el ministro respondía con ira si el adolescente no se ponía en contacto con él. La ira que se detalla en este relato es un ejemplo de las respuestas negativas que se producen cuando alguien no se ajusta a las expectativas de comportamiento. [*El adolescente*] *nos dijo que* [*el ministro*] *se enojaba si no lo llamaba o respondía sus mensajes.*

También hay una clara manipulación a lo largo del relato y a menudo el joven se sintió presionado porque él y el ministro eran "amigos". Esta amistad se utilizó para que el chico dejara de pedir menos contacto, *esto no es lo que hacen los amigos,* y para evitar que revelara la información *"porque somos amigos"* y el ministro le dijo que era *uno de los pocos amigos de verdad que tenía.*

El ministro se mudó con la familia del adolescente. La madre del chico se alegró inicialmente, ya que creía que el ministro estaba enfermo y necesitaba ayuda. De hecho, al principio se molestó cuando miembros de la iglesia cuestionaron esto. Sin embargo, también cuenta que le resultaba difícil contradecir al ministro, señalando que *respaldaba todo lo que decía con las Escrituras y dejaba claro que Dios quería que su relación con la familia y la mentoría de* [*su hijo*] *continuara.*

Tal vez una de las frases más impactantes de las declaraciones es la de la madre del menor, quien explica el miedo asociado al desacuerdo en una situación de abuso espiritual: *"No había manera de decirle que la mentoría debía terminar. Teníamos miedo de las consecuencias para [el ministro] y de lo que Dios haría... [El ministro] decía cosas que me asustaban. No era el Dios que yo conocía".*

Aquí vemos el mal uso de las Escrituras y el uso del nombre de Dios para controlar, características clásicas del abuso espiritual. El poder que tiene el uso de tales herramientas se demuestra de nuevo en la siguiente parte de los procedimientos judiciales: *Ella tenía miedo de ir en contra de Dios y de no apoyar [al ministro].* El miedo y la profunda preocupación por no obedecer a Dios son evidentes. Las amenazas de consecuencias espirituales y el miedo asociado a ellas son, una vez más, elementos clave del abuso espiritual.

El uso del nombre de Dios como método de control también fue claro en el relato del adolescente, quien declaró que siempre tenía que hacer tiempo para la mentoría y la oración con el ministro. *No se permitía ninguna excepción porque el ministro le decía que "Dios decía que eso era lo que debía hacer".* Más tarde en el proceso se hace referencia de nuevo al uso del nombre de Dios como medio de control para continuar con la mentoría. *[El ministro] se enojaba y utilizaba referencias a la voluntad de Dios para reforzar la mentoría. [El ministro] le había dejado claro [al adolescente] su convicción de que Dios quería que la mentoría continuara y por lo tanto [el menor] nos dijo que, si decía que no la quería, entonces sentiría que iba en contra de Dios.* En este relato abundan las cosas que refuerzan el inmenso poder asociado con el uso del nombre de Dios y que indican que Él respalda el accionar del abusador. También hay un profundo temor asociado con el desacuerdo y a la desobediencia contra Dios.

Otra característica que se discute en este capítulo es la noción de "vocación divina": un individuo que es especialmente elegido por Dios y que, por lo tanto, estaría por encima de todo cuestionamiento. Este elemento también se encuentra en los registros del tribunal en un ejemplo muy preocupante dado por la madre. *Ella nos dijo que [el ministro] decía que él era el ungido de Dios y que una persona había muerto porque no hizo algo que [el ministro] quería.*

Las conclusiones del tribunal identificaron las siguientes cuestiones relevantes sobre el abuso espiritual:

1. Sobre la coerción y el control: los miembros llegaron a la conclusión que se probó lo siguiente: *Durante todo el período mencionado, el hecho de haber participado en una mentoría tan intensa, [el adolescente] fue sometido a una presión inaceptable considerando su edad y madurez, y fue privado de su libertad de elección en cuanto a si continuar o no con ella.*

2. Sobre el uso de la autoridad espiritual y la incapacidad de tomar decisiones: *Llegamos a la conclusión de que, dada la diferencia de edades y la autoridad espiritual utilizada por [el ministro] para promover su relación, [el adolescente] fue privado de su libertad de elección en cuanto a si esta mentoría debía continuar o no de esa manera. Fue claramente inhabilitado para decir que no quería que la mentoría continuara como lo había hecho hasta ese momento.*

3. Sobre el uso de la Escritura y la posición para controlar: *Bajo el disfraz de su autoridad buscó controlar la vida [del adolescente] mediante el uso de la exhortación, la Escritura, la oración y la profecía revelada.*

Este estudio de caso demuestra claramente las características clave del abuso espiritual. Hubo otras preocupaciones de prevención que se plantearon en el tribunal, pero no son estrictamente temas para este capítulo. Lo que queda claro con el fallo es que se están empezando a identificar los casos de abuso espiritual y que el comportamiento asociado a ellos se considera inapropiado y dañino.

Resumen

En este capítulo se han explorado algunas de las principales características de la experiencia de abuso espiritual. Para mayor claridad, éstas se han resumido en la tabla 3.1 que está a continuación.

Es importante comprender estas características para poder responder mejor a los relatos de las personas. También es fundamental que examinemos nuestro propio comportamiento, que seamos autorreflexivos y que nos preguntemos si alguna vez nos hemos comportado de esta manera. Esto no significa que seamos abusadores, pero siempre es bueno tomarse un tiempo para evaluar cómo interactuamos con los demás y el impacto que esto tiene en ellos. De hecho, es este impacto el que consideraremos en el siguiente capítulo, el cual explorará qué efecto tiene una experiencia de abuso espiritual. Este capítulo nos permitirá entonces pasar a revisar cómo responder bien a aquellos que eligen compartir sus historias de abuso espiritual.

3.1 Características clave del abuso espiritual

Coacción y control

Manipulación, presión y aprovechamiento

Expectativa de compromiso y conformidad excesivos

Rendición de cuentas forzada

Censura   Incapacidad de hacer preguntas
               Incapacidad para discrepar
               Incapacidad de plantear preocupaciones
               Incapacidad de discutir el tema del abuso espiritual, de manera individual o colectiva

Exigencia de obediencia

Miedo

Aislamiento y rechazo

Vergüenza y humillación pública

Aspectos espirituales del abuso

Uso de las Escrituras para coaccionar y controlar

Uso de la "vocación divina" para coaccionar

Uso del nombre o voluntad de Dios para coaccionar

Amenazas de consecuencias espirituales

4

¿Cómo te hace sentir?
Explorar el impacto del abuso espiritual

"Cuando te das cuenta de que has sido víctima de abuso espiritual es como si te abrieran los ojos y vieras por primera vez una situación completamente distinta. Esto puede ser muy desorientador. El miedo es un factor tan grande que no se debe subestimar" (*O&H*)

¿Hay realmente una salida?

Hace un par de años –recuerda Lisa–, visitamos un laberinto de maíz con mi hermano y su familia. Empezamos con entusiasmo, pero después de una hora y media y sin indicios de que estuviéramos cerca de encontrar la salida empecé a desear no haber entrado. Cada cierto tiempo mi sobrino preguntaba: "¿Hay realmente una salida?" Mientras deseaba que hubiéramos traído algo para beber y preocupada de que mi "divertida" actividad no fuera la más apropiada para mi familia, escuchamos un grito sobre nuestras cabezas. Era una de mis hijas y mi sobrina de pie triunfalmente en el mirador, ¡habían logrado salir! Si bien me decepcionó un poco no ganar, me sentí aliviada de que ahora ellas podían ver el panorama general y de que habían recorrido el camino antes que nosotros. A gritos nos indicaron las direcciones hasta que pudimos reunirnos en la plataforma.

Profundizar nuestra comprensión del impacto que tienen las experiencias en los demás es uno de los elementos que permite desarrollar una sana cultura cristiana. Cuando realmente los exploramos, podemos caminar al lado del otro a través de su laberinto y estar en una mejor posición para ver la imagen completa. De esta forma, estamos capacitados para ayudarlos a evitar los caminos en círculo y los callejones sin salida, y así llegar a la salida para reunirnos con los otros en el mirador.

Una larga caminata

"Creo que el silencio que rodea al abuso espiritual permite que continúe. Es muy difícil desafiar a alguien que te dice que tiene la autoridad de Dios de su lado. Te arriesgas a parecer irreligioso y poco comprometido. Mi esposo y yo sufrimos abuso espiritual. ¡Nadie nos creyó! Nos aislaron de la comunidad de la que habíamos sido parte toda nuestra vida. Después de que nos fuimos, dijeron mentiras sobre nosotros. Nunca vi en ningún otro lugar un liderazgo controlador tan fuerte. Si bien he trabajado toda mi vida en el mundo de la protección infantil, yo también sufrí y me sentí desprotegida. Tal es el poder de alguien que dice que conoce la voluntad de Dios en tu vida, y utiliza las amenazas y la intimidación como una forma de control" (*O&H*).

"Cuando leo las respuestas a la encuesta de abuso espiritual me dan ganas de llorar, necesito dar un largo paseo". Este es el mensaje de texto –dice Lisa– que le envié a Justin cuando empecé a analizar la encuesta de 2017. Llevaba tiempo revisando cada respuesta individual y la profundidad del dolor plasmado ahí era real. Leí comentarios sobre gente que había perdido su fe, que vivía con miedo y se sentía perdida. Leí uno de una señora que había denunciado el abuso doméstico de su marido, y su pastor le había dicho que era porque no era sumisa. Leí, comentario tras comentario, acerca del daño que la gente experimentó. Fue abrumador, y me hizo llorar mucho. También nos hizo a ambos autores conscientes, una vez más, de la necesidad real de abordar este tema. Entre las respuestas había fragmentos de historias en las que la gente había tratado de hablar de lo que les había pasado, pero no habían sido escuchados o habían sido rechazados. Un elemento importante de la creación de culturas sanas es escuchar los relatos de quienes han vivido dolor y sufrimiento, y comprender mejor cómo responder bien a esas situaciones. Antes de analizar las respuestas más relevantes, queremos explorar algunos de los impactos del abuso espiritual.

"¡Toda esta experiencia es como si tu cuerpo se quemara por dentro!" (*LO*).

Una de las encuestadas en mi doctorado trató de explicar el profundo daño que el abuso había tenido en ella. Habló de la relación con las víctimas de violencia doméstica y de sentir que las heridas que había sufrido la dejaron con la sensación de haber perdido a Dios. Nunca dejo de sentirme conmovida por la profundidad de la emoción que veo en las personas que comparten sus relatos conmigo. El dolor y la incredulidad están a menudo a flor de piel. Nos parece importante reconocer esto al principio de este capítulo, decir cuánto lo sentimos por las personas que han pasado por esta situación, y reconocer su dolor y el daño causado. Al explorar algunos ejemplos del impacto de esta vivencia, no debemos olvidar que en el centro de todo lo que escribimos están las personas, con sus propias historias y recorridos, y algunas de ellas todavía están atrapadas en el laberinto del abuso espiritual.

Ya no confío en nadie

Me senté a leer las cinco páginas de la transcripción de la entrevista, todas relacionadas con la desconfianza. La señora que compartió su historia para mi doctorado pasó mucho tiempo diciéndome que ya no confiaba en nadie. "Ya ves, no confío en la gente" (*LO*). Mientras leía su relato, me sorprendió de nuevo el impacto que su experiencia de abuso espiritual había tenido en ella. La dejó sintiéndose incapaz de saber en quién podía confiar, lo que la llevó a tomar la decisión de no confiar en nadie.

En nuestro trabajo en esta área el tema de la desconfianza ha surgido una y otra vez. A veces se dirige a la Iglesia o a Dios, otras veces hacia las personas. "Mi experiencia es que aquellos en los que se supone que podíamos confiar están causando mucho daño" (*O&H*). Diederich (2017) escribió un libro sobre el tema del abuso espiritual que se llama: *Broken Trust*. En el prefacio explica la razón de esta elección de título: "Muchos sobrevivientes de abuso espiritual me han dicho que ya no se fían de los líderes espirituales o de ninguna organización espiritual".

El problema es que cuando la confianza se rompe en un ámbito, puede generar desconfianza en muchos otros. Cuando se rompe la confianza dentro de una comunidad cristiana, el daño se siente en muchos planos, a nivel individual, institucional, emocional, espiritual y, a veces, físico.

> "Tiene consecuencias perjudiciales en tu personalidad y en tu perspectiva, de las que uno puede tardar años en recuperarse" (*O&H*).

Esa experiencia deja a las personas sin saber en quién confiar en el futuro. En la investigación de mi doctorado, varios participantes describen cómo evitaron intencionalmente entablar relaciones con otros para no ser dañados o heridos de nuevo. Para algunos esto incluía existir al margen de las comunidades de fe y sentir que no podían involucrarse de ninguna forma. Tenían un gran temor de ser dañados o de confiar en alguien que terminara demostrando que no era digno de confianza. En el libro *Breaking the Silence on Spiritual Abuse* exploramos cómo esta desconfianza también puede significar dificultad para empezar una terapia o buscar otro tipo de apoyo después de una experiencia así.

En la búsqueda de culturas cristianas sanas es importante entender que es probable que las personas que han sufrido abuso espiritual encuentren increíblemente difícil construir y desarrollar la confianza. Es posible que necesiten para lograrlo un apoyo permanente y un compromiso exento de juicios.

> "La persona necesita tiempo para construir confianza y relacionarse con la gente. Este es un proceso de largo plazo, y puede manifestarse como un proceso de duelo en la medida que empiezan a darse cuenta de lo que les ocurrió" (*O&H*).

Vivimos en un mundo de respuestas rápidas donde podemos encontrar la solución a cualquier problema y comprar casi instantáneamente cualquier cosa que necesitemos, todo por *Internet*. Esto puede dejarnos en una posición en la que el acceso a la ayuda y el apoyo a largo plazo es un desafío. Sin embargo, el futuro de las culturas sanas depende en parte de nuestra capacidad para caminar con los dañados y heridos a su ritmo y por su camino.

"Toma tiempo y no existe un proceso rápido para ayudar a las personas a superar algunas cosas" (*O&H*).

No confío en mí mismo

Otra consecuencia del abuso espiritual es la incapacidad de confiar en uno mismo. Esta sensación se puede deber a dos cosas diferentes. Si has estado en un lugar donde confiabas en la gente y luego descubres que te han herido y dañado, puedes sentir que ya no puedes confiar en ti mismo para juzgar la confiabilidad de los demás. Muchas personas preguntan por qué no se dieron cuenta antes, por qué no hablaron, o por qué se comportaron de la manera que lo hicieron. Con frecuencia hay un gran sentimiento de *mea culpa* en las experiencias de coacción y control, "porque a menudo te hacen sentir culpable o te culpas a ti mismo" (*O&H*). Peppiatt (2007) señala que la vergüenza es una de las principales consecuencias de una experiencia de abuso espiritual. Skedgell (2008) analiza la vergüenza que pueden experimentar las personas y cómo pueden normalizar lo que les sucedió como voluntad de Dios.

En segundo lugar, parte de la desconfianza surge de las "arenas movedizas" que se analizan en el capítulo 3. Cuando los acontecimientos son reinterpretados para que la víctima se sienta insegura de sus propias experiencias o para que tenga una percepción más positiva del perpetrador, esto puede dar lugar a una incapacidad para confiar en su propio juicio y sus recuerdos, lo que alimenta la sensación de desconfianza en sí mismo.

"Espérenme bajo la lluvia"

Recuerdo haber dado una charla a un grupo de estudiantes de psicología social –relata Lisa– sobre la obediencia a la autoridad. Esperé hasta que lloviera y les dije que la siguiente parte de la clase la haríamos afuera. Les pedí que dejaran todas sus pertenencias en la sala y que me esperaran afuera del auditorio, que me reuniría con ellos ahí.

Luego simplemente esperé. Finalmente, uno de los estudiantes volvió al auditorio, mojado y un poco molesto. "Lisa", me preguntó, "¿qué estamos haciendo?". Le respondí: "Solo lo que se te dijo que hicieras, así de fácil es". Después de esto le pedí al estudiante que fuera a buscar al resto de sus compañeros y volvieran al aula. Luego les expliqué a los estudiantes el poder que puede tener la autoridad.

Este ejercicio lo he repetido varias veces con distintos grupos de estudiantes, pero esta ocasión fue completamente diferente. Mientras ellos se sentaban y les explicaba la demostración práctica que acababa de ocurrir, empecé a sentir que tenía dificultades para terminar la clase. En ese momento me di cuenta de que lo que les estaba diciendo a los estudiantes era lo mismo que yo estaba experimentando en la iglesia. Era ciegamente obediente y, sin embargo, estaba profundamente preocupada por el control que estaba presenciando. Me las arreglé para terminar la clase y luego me fui a casa. Mientras conducía me cuestioné a mí misma. Soy una profesora de psicología que enseña sobre psicología social y obediencia a la autoridad, y aun así no había sido capaz de reconocer estas cosas cuando ocurrían delante de mí, cada semana. Durante algún tiempo, me sentí personalmente responsable de esta falta de percepción. Sin embargo, con el tiempo llegué a reconocer que simplemente lo que había pasado es que me había permitido confiar en que ese era un lugar seguro.

Es importante entender que cuando las personas se sienten incapaces de confiar en sí mismos, en sus juicios y percepciones, esto puede parecer increíblemente inseguro. Una vez más, se necesitará sensibilidad, apoyo y perseverancia a largo plazo para asegurar que los individuos puedan recorrer sus propios caminos.

"Me queda esta profunda sensación de ira"

Recientemente visitamos a dos de nuestras encantadoras ahijadas. Era un día muy caluroso y después de pasear nos detuvimos a tomar un helado. Nuestra ahijada más joven tiene solo 16 meses. Cuando se despertó de su siesta, nos encontró devorando unos dulces. Rápidamente quiso salir de su cochecito para unirse a la diversión. Su padre había comprado unas barritas dulces que hay que empujarlas para seguir comiendo. Nuestra pequeña ahijada estaba muy feliz de ayudar a su padre a terminar su dulce (¡recién lo había empezado!). Aunque le molestaba que su padre la tratara de ayudar y le sostuviera la barrita dulce para empujarla hacia arriba. Cada vez que él intentaba ayudarla, ella se afligía y lloraba. Al final, su madre la retó con calma y le dijo: "No tienes que enfadarte". En esta situación, que le dijera que no se molestara era totalmente apropiado, aunque un poco difícil de entender para una niña de 16 meses que desesperadamente quería un dulce.

Sin embargo, a veces, como cristianos, nos pueden decir que "no nos enfademos" en situaciones en las que la ira es una respuesta apropiada. Ella es una de las emociones que más nos cuesta elaborar. A menudo, como cristianos, es un tabú admitir la ira como respuesta a una situación. Es casi como si ella fuera "no cristiana". Sin embargo, cuando te han herido o dañado, la ira es una respuesta natural. "Me sentí enojado y cansado cuando me fui" (*LO*).

Dentro de la experiencia del abuso espiritual hay muchas causas para la ira. Varias ya se discutieron anteriormente; algunas personas se sienten enojadas consigo mismas por no ver las cosas antes, por no hablar y por ser "engañadas". También pueden sentirse enojados con los demás por no protegerlas, por no creerles cuando comparten sus relatos, o por no comprender lo que han experimentado, o se enojan cuando confrontan al perpetrador que niega su comportamiento. "Estaba muy enojado. Pensé que él debería haber dicho la verdad" (*O&H*). A veces hay enojo hacia la institución de la Iglesia a nivel local y nacional. Estos sentimientos pueden durar mucho tiempo después de una experiencia de abuso espiritual (Blue, 1993). Vale la pena recordar que la ira es una consecuencia común de cualquier experiencia de abuso emocional (Schultz, Remick-Barlow y Robbins, 2007).

En los últimos años hemos visto algo de ira en torno a otras formas de abuso a las que las personas han sido sometidas dentro de las iglesias. La *Independent Inquiry into Child Sexual Abuse* (IICSA) en el

Reino Unido y la *Royal Commission into Institutional Responses to Child Sexual Abuse* en Australia escucharon el testimonio de víctimas que, con razón, estaban enojadas por la forma en que se había respondido y, en algunos casos, encubierto sus denuncias. Las recientes acusaciones contra Bill Hybels en los Estados Unidos sacan a la luz, nuevamente, la rabia por la forma en que Hybels, y los presbíteros de la Iglesia de ese momento, respondieron a las denuncias.

Hazme un dibujo

Quizás parte de la dificultad que tenemos con este tema es nuestra lucha con la palabra "ira". En la universidad, una de las cosas que enseño es sobre cómo las palabras o los mensajes que usamos evocan imágenes y sentimientos dentro de nosotros. Esto se basa en la teoría de la representación social (Moscovici, 1984). Un ejemplo de esto es el término "pederasta". Cuando se pide a los estudiantes que dibujen una imagen de un abusador de niños, a menudo dibujan a un hombre mayor, desarreglado y con ropa sucia. Esta percepción con frecuencia está muy lejos de la realidad. Del mismo modo, cuando le pido a los estudiantes que dibujen la imagen que les viene a la mente con la palabra ira, casi siempre dibujan un puño o un vaho rojo. Las imágenes son siempre negativas. Si bien la ira puede ser una emoción negativa, también puede ser una respuesta apropiada.

En la Biblia hay una historia en la que Jesús se enoja en el Templo (Mateo 21). Contamos esta historia usando el término "justa ira". Esto hace que el comportamiento de Jesús sea aceptable y nuestro propio enojo, inaceptable. Sin embargo, lo que vemos en ese relato es un comportamiento que ocurre en la casa de Dios y que no es propio de Dios o de cómo su pueblo debe ser tratado. Jesús responde a esto con una justa ira. De la misma manera cuando una persona es herida y abusada dentro de las iglesias o comunidades cristianas, la justa ira es una respuesta apropiada, ya que este comportamiento no es propio de Dios ni de cómo quiere que se trate a su pueblo.

Cuando entendemos las cosas desde esta perspectiva, podemos permitir que la gente exprese su ira y sea escuchada, y es menos probable que nos apresuremos a que se libre de la ira rápidamente. Blue (1993) señala que ella puede durar mucho tiempo después de una experiencia de abuso espiritual. Ciertamente, no deberíamos equiparar la ira con la falta de fe o con el fracaso de representar la gracia de Dios. A veces, enfrentarse a la ira puede ser profundamente incómodo. Sin embargo, cuando nos detenemos a entender la fuente de ella, podemos estar mejor situados para proporcionar un espacio para ella y para responder de manera útil, sin necesidad de juzgar o minimizar el relato que se está contando.

"Estaba tan asustada" (*O&H*).

Cuando mi miedo me paraliza

Cuando mi hija menor era pequeña –cuenta Lisa–, iba frecuentemente el hospital porque sufría recurrentes infecciones de oído. En una ocasión, cuando tenía unos dos años, su especialista vino a la habitación del hospital para verla. Inmediatamente comenzó a sollozar y escondió su cara en mi regazo. El médico que era un hombre encantador, la miró preocupado y le dijo: "¿Qué te hemos hecho, pequeña?" Como las visitas al hospital a menudo implican dolor, nuestra hija menor había desarrollado una reacción de miedo a cualquier persona con delantal blanco. El miedo era una respuesta natural en esta situación. Por eso, él estuvo un buen tiempo jugando con nuestra hija menor para que se sintiera segura con él.

En situaciones de abuso espiritual hay mucho temor en la experiencia y en el tiempo que viene después. La persona puede tener miedo de hacer o decir algo equivocado, y de la reacción que esto causará. Estos pensamientos "les hacen temer y preocuparse por hacer lo correcto" (*O&H*). Es posible que hayan visto cómo aislaban a otros o cómo se les juzgaba después de algún episodio en que no se amoldaron. Pueden temer hablar, "saber que algo anda mal y tener demasiado miedo para decirlo"; "provocar que tengan miedo de questionar o no estar de acuerdo" (*O&H*). También pueden temer lo que Dios piensa de ellos o cómo los juzgará, tanto ahora como en el futuro, "amenazando o induciendo el miedo, en esta vida o la siguiente" (*O&H*).

Este miedo puede llevar a muchas cosas, incluyendo el sentirse incapaz de huir de la situación en caso de que Dios los juzgue (Von Buseck, 2012).

El miedo, en esta experiencia, existe en muchos grados diferentes. Es difícil describir su intensidad y lo paralizante que puede ser. Diederich (2017) plantea que el miedo está en el corazón de esta experiencia: el miedo al rechazo de Dios, a no dar la talla y a la desaprobación de los líderes y la comunidad religiosa. A menudo el miedo lleva a las personas a guardar silencio, a permanecer en el contexto de abuso y a seguir viviendo en una atmósfera de temor si deciden irse o, incluso, después de haberse ido. Es realmente importante comprender el impacto que puede tener en una persona el vivir con miedo. Al tratar de crear culturas sanas, necesitamos entender que las personas que han vivido o están viviendo con temor necesitarán comprensión y apoyo. Si el miedo se asocia con amenazas sobre lo que Dios piensa o, incluso, su juicio futuro, debe haber un espacio para que estos campos sean explorados. Sin embargo, es necesario que la gente conozca los límites de sus capacidades y habilidades personales. Es fundamental que nos sintamos capaces de derivar a la persona a una terapia adecuada (Parish-West, 2009), para que quienes decidan esto puedan obtener ayuda y apoyo profesional.

Antes de que pasemos a otro tema, es importante considerar el miedo dentro de un contexto cristiano. El título de esta sección proviene de una de mis canciones de alabanza favoritas, *Forever Reign*, que habla de cómo podemos experimentar la paz incluso cuando tenemos miedo. La Biblia nos dice que el amor perfecto expulsa el temor. Esta idea es una excelente promesa a la que aferrarse. Aunque a veces la forma en que entendemos este versículo puede usarse para decir que nunca debemos experimentar miedo en nuestra vida diaria.

Hace poco escuché un sermón de Malcolm Duncan sobre vivir sin miedo (Duncan, 2017). Me gustó mucho escucharlo decir que el miedo es una respuesta natural y apropiada a algunas situaciones, y que no equivale a una falta de fe. Esto es especialmente importante para mí ya que, hace diez años, estuve en un accidente automovilístico en el que tristemente falleció una persona. Aunque el accidente no fue culpa mía, durante mucho tiempo viví con el miedo y la culpa que sentía al haber estado involucrada. Tenía miedo de volver a conducir. Cada vez que lo intentaba el pánico me paralizaba.

Nunca había experimentado un miedo como ese. Varios cristianos bien intencionados se acercaron con palabras de ánimo, la mayoría fue una bendición. Estaba muy agradecida de todas las tarjetas y mensajes de apoyo que recibí inmediatamente después del accidente. Muchos me decían que estaban rezando por mí, lo que yo agradecía mucho. En un momento pedí que rezaran por mí en la iglesia y, cuando la persona que rezaba sugirió que tenía que pedirle a Dios que me perdonara por tener miedo, lo encontré increíblemente difícil y hasta cierto punto sentí que estaba sugiriendo que yo era en parte culpable del miedo que sentía. Decidí ir a terapia, lo que fue realmente útil. Pude hablar a través de la experiencia, darme cuenta de que no era mi culpa y desarrollar algunas estrategias que me permitieron comenzar a conducir de nuevo. Incluso ahora me cuesta conducir en las autopistas. Sin embargo, he llegado a un punto en el que me he dado cuenta de que el miedo es una respuesta normal a un evento traumático.

De la misma manera, el miedo es una respuesta normal a la coacción y al control excesivos. En un estudio sobre el impacto del control coercitivo no violento en mujeres casadas, los investigadores encontraron que el nivel de miedo que sienten las mujeres no golpeadas es igual al de aquellas cuyas relaciones incluían violencia física (Crossman, Hardesty y Raffaelli, 2016). De igual forma, los niveles de temor en las experiencias de abuso espiritual suelen ser considerables y las personas que lo experimentan necesitan comprensión y apoyo, así como la oportunidad de trabajar a su propio ritmo. Es posible que la terapia les resulte útil como parte de este camino. Ciertamente, requieren que las comunidades cristianas reconozcan ese temor y no lo juzguen. Puede haber una instancia para pedirle a Dios que ayude con el miedo, pero solo si lo quieren, e incluso entonces deben saber que el miedo es una respuesta natural a lo que han vivido.

¿Quién soy yo?

Muchos de ustedes pueden haber jugado el juego de adivinanzas "Gente famosa" o "¿Quién soy yo?". El juego consiste en pegarse en la frente un papel en el que otra persona ha escrito el nombre de un personaje famoso. Para adivinar tienes que hacer preguntas y los otros que juegan te responden sí o no. La idea es que adivines la identidad del personaje a partir de las pistas. Con nuestra familia y amigos, hemos jugado varias versiones de este divertido juego. En una ocasión fue muy chistoso –relata Lisa– porque no sabía quién era la persona ni siquiera cuando me dijeron su nombre. Ninguna de las pistas me iba a ayudar a adivinar, ya que no tenía idea quién era el personaje famoso.

Muchas personas que son abusadas espiritualmente experimentan un gran impacto en su propia identidad. Es posible que sientan que ya no puedan confiar en sí mismas, al no poder juzgar si los individuos o las culturas son seguros o no. Como hemos discutido, parte de la experiencia es sentir culpa y dudar de uno mismo, donde "la víctima se queda con sentimientos de confusión y auto-reproche. Finalmente esto se hace pasar como parte de la Fe Cristiana, pues debo ser yo el que está mal" (*O&H*). Cuando la fe y las convicciones se ven afectadas, lo cual es casi inevitable, la esencia misma de cómo te percibes puede haber cambiado. Es como si estuvieras jugando un juego de "¿Quién soy yo?" Sin embargo, ya no estás seguro de cómo responder a ninguna de las preguntas, porque ya no sabes quién eres realmente y piensas, "no soy la misma persona y creo que nunca lo seré" (*LO*). La sensación de estar perdido o sentir incertidumbre puede ser abrumadora para las víctimas, ya que "afecta todas las áreas de su ser" (*O&H*).

Otro aspecto del "yo" y la identidad que puede verse afectado es un cambio en los roles y responsabilidades que las personas tienen dentro del ambiente de la Iglesia o el contexto cristiano. Para muchos, sus roles son parte de su identidad, de su sentido, de su ser. Puede tratarse de un papel dentro del trabajo de la pastoral infantil o juvenil, o dentro de un aspecto diferente de la vida de la organización. Si las personas se van, dejan de desempeñar los roles dentro del contexto. Si se quedan, pero cuestionan o hablan, pueden verse apartadas de sus funciones. Aunque se argumente que nuestra identidad y nuestro sentido del "yo" no deberían estar supeditados a los roles que tenemos, la realidad es que para muchos son una parte importante de cómo nos vemos a nosotros mismos. Parsons (2000) sugiere que derivamos nuestro sentido de identidad, en parte, de nuestra comunidad cristiana religiosa. Howard (1996) va más allá al decir que dejamos atrás nuestras identidades personales y abrazamos nuevas identidades eclesiales. Esto puede ser en parte el motivo por el cual la experiencia del abuso espiritual tiene tanto impacto en el "yo" y la identidad. Una de las participantes en mi investigación de doctorado describió haber perdido su identidad personal y haber adoptado una "identidad institucional" (*LO*); y que ésta era la razón por la que el hecho de irse de la iglesia había tenido un efecto tan grande en ella y en los demás, ya que no sabían quiénes eran. Estos son factores que deben tenerse en cuenta al apoyar a aquellos que han tenido esta experiencia. Hay múltiples formas en las que el "yo" y la identidad pueden verse afectados.

Si bien algunos de estos problemas pueden resolverse en terapia, es importante comprender que las personas necesitan tiempo para desentrañar el efecto de esta experiencia, y para descubrir y determinar su sentido de identidad después de esta vivencia. Es igualmente fundamental reconocer que nadie elige experimentar abuso espiritual y, por lo tanto, tampoco decide ocuparse de cuestiones de identidad propia. Ciertamente, dentro de las comunidades cristianas, los cambios en el "yo" y la identidad son a menudo parte de la experiencia de la fe. Sin embargo, en estos casos las transformaciones son el resultado de la elección y las decisiones tomadas por la persona. Es necesario hacer esta distinción. Los sobrevivientes de abuso nunca eligen pasar por la experiencia de abuso; esto es muy importante de entender y recordar.

Es también crucial en esta discusión proporcionar una historia completa. En mi investigación doctoral, algunos de los participantes describieron formas en las que su "yo" se había fortalecido o se había vuelto más positivo después de su experiencia: "No soy la misma persona, ahora soy más fuerte" (*LO*). De ninguna manera estaban sugiriendo que la experiencia en sí misma fuera positiva. Más bien, comentaban que sus propias reflexiones y respuestas los habían llevado a un mayor sentido de sí mismos. Una vez más, esta es una distinción importante. No estamos argumentando que el abuso espiritual pueda a veces ser útil en términos de autoestima e identidad, sino que relatamos historias en las que las personas han expresado cambios positivos en su autoestima e identidad como resultado de su propio trabajo a propósito de esta experiencia. Como ocurre con todas las formas de abuso, el resultado y el impacto en cada persona es diferente, y todos deben ser tratados con igual respeto y cuidado.

"Salí con mi fe intacta, muchos de mis amigos no" (O&H)

Esta cita en nuestra encuesta más reciente nos hizo darnos cuenta de nuevo del profundo impacto que el abuso espiritual tiene en aquellos que lo experimentan. El encuestado tenía claro que necesitamos educarnos y prepararnos en esta esfera dada las repercusiones que esta experiencia tiene en la fe de las víctimas. Dado que la fe, las Escrituras y Dios se usan a menudo como herramientas para coaccionar y controlar, es inevitable que los sentimientos y las respuestas de la gente a todo esto puedan mostrar un inmenso impacto. En muchas de las definiciones de abuso espiritual que la gente proporcionó, la manipulación de estos factores fue central, con "personas que usan la fe, Dios o las creencia para manipular, controlar y dañar a otros" (*O&H*); "individuos que te manipulan espiritualmente para sus propios fines" (*O&K*). Inicialmente, muchas personas se quedarán cuestionando su fe y su creencia en Dios, incluso afirmarán "ni siquiera sabía si creía en Dios" (*LO*); y lo que piensan que Dios siente por ellos "deja a la persona con una visión retorcida de Dios, y de cómo Dios los ve" (*O&H*). En mi trabajo anterior exploré cómo la experiencia del abuso espiritual puede tener un profundo impacto en la fe y la creencia (*LO; O&K*). Si tus creencias han sido centrales en cómo te ves a ti mismo y cómo interpretas el mundo que te rodea, una experiencia que te hace cuestionar tu fe puede hacer que te sientas profundamente inseguro. La certeza en torno a muchos aspectos de la vida puede desaparecer cuando la fe se ve amenazada o en crisis.

Para los creyentes puede ser profundamente inquietante escuchar a otros describir su crisis de fe o incertidumbre. Este puede ser especialmente el caso de alguien que considere que tiene una fe profundamente arraigada que jamás podría verse afectada. Sin embargo, debemos desarrollar la capacidad de escuchar las dudas e incertidumbres de los demás sin apresurarlos en su proceso de sanación. A veces podemos estar tan ansiosos porque la gente recupere su fe, que los presionamos inadvertidamente. Las personas que han experimentado abuso espiritual pueden sentir esto como más coerción y control. Puede ser que en algunos casos no recuperen su fe en Dios después de una experiencia de abuso, y no por eso debemos darles menos amor y apoyo del que le damos a aquellos que restablecen la relación con Dios.

Algunos que han experimentado abuso espiritual pueden resurgir con una fe personal en Dios, pero mostrarse reticentes a la Iglesia o las organizaciones cristianas. De hecho, "algunos se quedan con las cicatrices y a menudo encuentran difícil comprometerse realmente con otra iglesia" (*O&H*). También pueden tener preguntas sobre cómo se supervisan las organizaciones eclesiásticas o cristianas, y las implicaciones de esto en los casos de abuso.

> "Esto me ha hecho dudar de la Iglesia y de las autoridades que la vigilan, o de la falta de ellas" (*LO*).

Es importante que entendamos mejor el impacto que el abuso espiritual puede tener en las personas, para que las iglesias y las organizaciones cristianas estén mejor equipadas para apoyar y cuidar a quienes han tenido estas experiencias. En el tiempo que llevo estudiando este tema, varias veces me han pedido que recomiende una "iglesia segura". Esto no es algo que yo pueda hacer, porque no sé lo suficiente sobre cada iglesia individual como para hacer tal juicio. De todos modos, soy consciente de que muchas personas que han tenido esta experiencia quieren ser capaces de preguntarse si van a volver a la

Iglesia, pero es un tema muy difícil después de una vivencia de este tipo. Quienes quieran considerar la posibilidad de volver a comprometerse con su fe van a necesitar una ayuda y apoyo mayor.

> "Sería bueno saber de alguna organización donde podamos ir para restaurar la fe. Llevo siete años luchando con esto, sin saber si quiero volver a ir a la iglesia" (*O&H*).

Una vez más, este tema pone de relieve lo importante que es, a medida que avanzamos, centrarnos en el desarrollo de comunidades cristianas más sanas y seguras. Los recientes informes de IICSA (*Investigación Independiente sobre Abuso Sexual Infantil*) y su organismo homólogo en Australia han revelado importantes fallas en la Iglesia. No podemos esperar que la gente confíe en la institución de la Iglesia si no hacemos nada para evitar que se produzcan abusos, ni para responder mejor y más eficazmente cuando estos ocurran. ¡Hay que hacer más!

"Cuanto más tiempo pasa, más real parece nuestra experiencia" (LO)

No sorprende que la experiencia de abuso espiritual a menudo tenga consecuencias a largo plazo. En otras formas de abuso, el término "abuso histórico" se usaba comúnmente para describir aquel que había ocurrido en el pasado por períodos largos. Sin embargo, se reconoció que el impacto del abuso continúa y a menudo no disminuye con el tiempo. Por lo tanto, se comenzó a utilizar el término "abuso no reciente". Incluso este término ha suscitado cierto desacuerdo en cuanto a que el impacto del abuso puede sentirse y ser reciente.

> "Las cosas que se dicen o hacen a las víctimas de abuso espiritual tienen un impacto muy profundo en ellas, dejándolas con sentimientos negativos que permanecen durante décadas y en muchos casos toda su vida. En mi caso, 30 años desde que comenzó mi abuso espiritual" (*O&H*).

En la investigación que hice para mi doctorado y en muchas conversaciones queda muy claro que, para muchos, las experiencias de abuso espiritual tienen consecuencias a largo plazo, algunas de las cuales surgen de la confianza rota que han experimentado. Esta ruptura conduce a la dificultad de establecer nuevas relaciones y puede tener un impacto en la formación de relaciones de confianza con los terapeutas y aquellos que desempeñan funciones pastorales o profesionales. Una participante de mi investigación doctoral me contó cómo ella y su esposo tenían problemas para establecer nuevas amistades, sin saber en quién confiar ni qué tipo de persona les podría interesar conocer. También describió su relación con la iglesia como muy frágil: pasaron años asistiendo a una comunidad que les exigía muy poco y recién ahora estaban pensando si debían involucrarse más. Es un mensaje que se repite en los relatos de la gente y es otra razón importante por la que necesitamos entender mejor y hacer mucho más para prevenir estas experiencias en el futuro. Las consecuencias a largo plazo exigen que hagamos todo lo posible para construir comunidades más seguras y sanas.

El abuso de cualquier tipo puede tener consecuencias a largo plazo. Una de las razones adicionales del impacto a largo plazo del abuso espiritual puede estar en nuestra deficiente conciencia y comprensión del tema. Si bien hemos progresado desde que se escribió *Breaking the Silence on Spiritual Abuse*, todavía queda un largo camino por recorrer en la toma de conciencia del abuso espiritual, ya que nuestra comprensión todavía está emergiendo. Esto puede significar que las personas experimentan abuso espiritual pero no son conscientes de lo que es.

> "¿Reconoce la persona que está siendo abusada espiritualmente? Muchos permanecen ignorantes de la necesidad de enferntar el abuso espiritual, o de reconocer que nosotros mismos podríamos ser víctimas" (*O&H*).

Hay más publicaciones y políticas en algunas áreas, pero el abuso espiritual todavía no ha sido investigado ni reconocido lo suficiente. De hecho, desde que publicamos nuestra última investigación en enero de 2018, se ha prestado más atención al tema (como se expone en el capítulo 2). Lo triste es que, en gran medida, la mayor parte de la discusión se centró en el nombre y no en el apoyo a las víctimas o en abordar el problema. Si bien el nombre que le damos a las cosas importa, es urgente que abordemos las cuestiones del abuso psicológico y emocional en los entornos religiosos para trabajar en la prevención y en la respuesta. Aunque se ha reconocido esta necesidad, se ha prestado poca atención a la forma en que se haría esto.

> "Cuando me fui de la iglesia, tenía mucho miedo de buscar ayuda de cualquier tipo... Necesitamos apoyo y lugares a los que podamos ir, pero son difícil de encontrar" (*O&H*).

Otro problema es la continua falta de recursos disponibles para las personas que han tenido esta experiencia. En la actualidad, hay terapeutas y servicios de apoyo que ofrecen ayuda a quienes han tenido esta vivencia, pero muy poco apoyo específico, si se compara con otras formas de abuso. En nuestra encuesta de 2017 y 2018, cuando preguntamos a las personas adónde buscarían ayuda y apoyo si sufrieran abuso espiritual, el 61% de los encuestados declaró que sabía dónde acudir para obtener ayuda y apoyo. Dados los limitados servicios específicamente disponibles, fue realmente interesante leer sus respuestas. La mayoría respondió que acudirían a los líderes de la iglesia (aunque no necesariamente en donde ocurrió el abuso). Esto enfatiza la necesidad de aprendizaje y la comprensión de este tema en los líderes de las iglesias de todas las denominaciones. Otras respuestas incluyeron el *Thirtyone:eight* y en particular su línea telefónica de ayuda, que está abierta a quien quiera utilizarla. Muchos respondieron que acudirían a su familia y amigos. Una vez más, el enfoque en la familia y los amigos sugiere una necesidad real de que haya una conciencia generalizada de este tema dentro de la comunidad cristiana (y más allá), ya que es ahí donde la gente iría y han ido en busca de ayuda y apoyo. Al igual que con otras formas de abuso, necesitamos un nivel de comprensión y conciencia en la comunidad religiosa en general, y un conocimiento adicional centrado en capacitación y apoyo en ciertos organismos e instituciones. Me motiva el hecho de que haya algunas organizaciones que están empezando a desarrollarse con un claro enfoque en el tema y esto da esperanzas de un mejor apoyo en el futuro.

El impacto del abuso espiritual, las reflexiones de Amy

En mi experiencia personal y en la de caminar con otros, he visto que el abuso espiritual siempre tiene un profundo impacto en las vidas de aquellos a los que toca. La expresión exterior de este impacto varía mucho de persona en persona. Todos tenemos una personalidad única y un conjunto de experiencias que influirán en la forma en que percibimos y respondemos al abuso espiritual, pero creo que algunos sentimientos comunes –y en particular los que he experimentado personalmente– incluyen la vergüenza, el miedo, la ira, la confusión, la necesidad de sentirse seguro y "bajo control" en mi propio entorno. Mi experiencia me ha impactado tanto positiva como negativamente en mi camino. He luchado con mi comprensión interna de quién es Dios, si es un buen Padre, y si se preocupa por nosotros. A veces me he sentido enfadada por lo que considero que son situaciones injustas, y me he sentido confundida con mi propia fe. ¿Quién soy? ¿Quién es Dios? ¿Por qué tengo fe y en qué? ¿Qué hay de real, si es que hay algo real, en lo que creo?

Pienso que el abuso espiritual tiene un impacto más profundo, similar al que experimentan los abusados dentro de las redes familiares. Por su propia naturaleza, una relación espiritual de cualquier tipo incluirá una conexión con otros, habrá un nivel de confianza en la relación, así como expectativas y una comprensión de las responsabilidades. Mi experiencia es que tanto los que han abusado de su posición en la relación espiritual, como los que han sido afectados negativamente, sentirán una sensación de ruptura. Ambas partes pueden sentirse genuinamente traicionadas y decepcionadas. Es probable que haya confusión y miedo. Con frecuencia hay negación, tal vez en ambos lados.

Como en otras formas de abuso, el silencio parece ser un elemento clave en el abuso espiritual. En las redes con creencias espirituales comúnmente se espera que la organización y las personas que la integran sean protegidas. Las personas en estos grupos tienden a hablar bien de sus miembros y de la organización en los círculos internos y externos. Esto es entendible en muchos niveles; podemos estar cegados de cualquier aspecto negativo por ser parte del grupo, o sentir un deseo genuino de respetar a los demás. Nos enseñaron esto mediante un lenguaje espiritualizado. A menudo parece ser un conjunto de reglas no escritas; una forma de ser, de sobrevivir, o tal vez de prosperar dentro de una red particular. Hay que seguir estas reglas para tener "éxito" dentro del grupo. De alguna manera, hablar incluso de nuestra experiencia puede considerarse como chisme, y puede haber un sentimiento de culpa si compartimos la verdad tal como la vemos.

Fuera del grupo tenemos que considerar la reputación de la organización. Dentro de éste, hay miedo. ¿Qué pasa si solo soy yo la que se siente así? ¿Cuál será la consecuencia de compartir lo que siento con los demás? Me parece que en los grupos espirituales la responsabilidad, o más bien la culpa, recae en el abusado. Un hombre que expresa que está siendo intimidado por su líder espiritual claramente se piensa que necesita sanación interna. Se tiende a seguir creyendo en este ciclo porque a estas alturas el abusado ya siente culpa, vergüenza, confusión y miedo. No puede pensar con claridad, por lo que a menudo es difícil comunicar la verdad objetiva de la manera en que lo esperan las organizaciones.

Recuerdo haber intentado comunicar mis emociones y, al escucharme, haber sentido que lo que decía sonaba tan débil e insignificante. Me recuerda la impotencia que pueden llegar a sentir los que son intimidados. Personalmente, a menudo me sentía incomprendida y confundida; que estaba equivocada y que el problema era yo. Naturalmente hay un deseo en un grupo espiritual de hacer las cosas bien, y de la manera correcta. Lo que a menudo parece suceder como resultado es que la persona que rompe el silencio es excluida directa o indirectamente; directamente por el hecho de que se le pide que no comparta con los demás su experiencia –lo que llamo certificado de chismes y traiciones–, e indirectamente porque incluso los más cercanos no tienen la comprensión o la experiencia para ayudar. Como no saben qué decir, no dicen nada. El silencio en esta experiencia es ensordecedor. Si bien hay un deseo de ayudar, la gente dentro del grupo está atrapada por el miedo: ¿Qué pasaría si uno se "ponen del lado" del que rompió el silencio? ¿Qué pasaría si hablan con la persona que ha sido etiquetada como "necesitada de mayor sanación"? ¿Qué deben hacer cuando sus líderes, a quienes desean respetar, les dicen que no deben estar en contacto con su amigo mientras el proceso continúa?

Para el que habla, el silencio que rompe es envuelto en otro silencio. Este segundo silencio puede ser devastador; un mundo en el que se dijo la verdad, pero nadie es capaz o nadie está dispuesto a reconocerla. El corazón se siente retorcido y exprimido por el dolor; los que están más cerca parecen haberse alejado, y los que permanecen dentro de la mentira del grupo pueden genuinamente no entender las "acusaciones". Generalmente lo que comunican es que la persona los traicionó o decepcionó. Para el que habló, hay un sentimiento de soledad y aislamiento que es difícil de superar. En muchos casos, no es posible mantener la relación con el grupo. Seguir asistiendo a las reuniones es insostenible, mientras que muchas relaciones personales dentro del grupo cambian o terminan. Para una persona que ha experimentado abuso espiritual, éste es un momento vulnerable y aterrador. Puede ser un momento de inestabilidad emocional en el que siente que se está volviendo loco. El enojo, la culpa, la vergüenza, el sentimiento de tristeza y la pérdida de las amistades y de la red "familiar" pueden ser abrumadores, y en muchos casos, pareciera que no hay escapatoria. Los amigos guardan silencio y la red grupal desaparece. La noticia se extiende rápidamente a otros círculos espirituales: ¿Me considerarán como problemática, o solo "necesitada" de sanación? ¿Me creerán? ¿Me atrevo a decir la verdad, y qué sentido tendrá? ¿Será mejor renunciar a este camino espiritual y alejarme? ¿A alguien le importaría, o sabría, si lo hiciera? ¿Quién está ahí para pastorearnos ahora, y quiénes son los verdaderos pastores de las ovejas?

Mi propia experiencia de abuso espiritual ha sido un camino de aprendizaje y sanación a lo largo del camino. Ha sido una prueba que no le desearía a nadie, y uno de mis puntos de inflexión más grandes de sanación, restauración y fortalecimiento de mi fe. En el camino me he visto obligada a hacerme esas difíciles preguntas: ¿Quién soy? ¿Quién es Dios? ¿Le importa esta situación? ¿Qué valor le daré a la verdad? ¿Cómo digo la verdad desde el amor? ¿Cuáles son mis motivos y para quién es mi corazón? ¿Cómo puedo experimentar la libertad que viene con el perdón? ¿Qué tan importante es para mí respetar a los líderes, y cómo los respeto aun cuando no estoy de acuerdo?

Esta experiencia ha afectado mi camino de muchas maneras, y todavía estoy aprendiendo a encontrar la libertad. Mi decisión es que mi experiencia no será finalmente negativa, sino positiva. Soy muy sensible a cualquier tipo de control o manipulación, particularmente en ambientes espirituales. He sufrido mucho por las decisiones equivocadas de los demás, pero me rehúso a considerarme sólo una víctima. He aprendido que sigo siendo responsable de mis propios actos, y de cómo respondo en estas situaciones. No es fácil perdonar, pero aun así es mi elección. No es fácil volver a confiar, pero sé que puedo elegir confiar en Aquel que nos creó a todos.

Mi experiencia de abuso espiritual me ha enseñado que hay libertad para romper el silencio. Se siente como lo contrario, y es un largo y duro camino. A veces otras personas nos consideran débiles, tal vez demasiado sensibles, o problemáticos. Sin embargo, este camino no es para los débiles de corazón, sino para aquellos que serán amor en acción, y buscarán llevar la libertad a todos los oprimidos, ya sean los abusados o los abusadores.

El abuso espiritual me quebró, casi me di por vencida en mis creencias y motivó las decisiones que tomé. Puso a prueba mis convicciones y mi fe. Me dio la oportunidad de poner mi fe en acción. Al final, la verdad llegará en un caballo blanco. Al final, mi Dios gana.

Resumen

Este capítulo explora sólo algunos de las consecuencias de la experiencia del abuso espiritual. Esperamos que haya mostrado lo dañino que puede ser. Su impacto puede llevar a una serie de preguntas y desafíos que describimos a continuación.

¿En quién puedo confiar?

¿Puedo confiar en mí mismo?

¿Debo construir relaciones con otros?

¿Quién soy?

¿Cómo enfrento el miedo?

¿En qué creo?

¿Qué es lo que creo sobre Dios, la Iglesia, la fe y la Biblia?

¿Cuánto tiempo dura el impacto?

¿En quién puedo apoyarme?

¿Entenderán el abuso espiritual?

Es importante que nos tomemos un tiempo para considerar los diversos efectos que la gente puede experimentar, y empezar a preguntarnos ¿qué podemos hacer para prevenir esto?, ¿cuál sería una buena respuesta a tal experiencia? El próximo capítulo se basará en nuestra labor en este ámbito y en la encuesta que realizamos para sugerir algunas de las características clave de una respuesta eficaz y útil a una historia de abuso espiritual. Parte de escapar del laberinto del abuso espiritual y crear culturas sanas es ser honesto sobre lo que está mal y estar más informado sobre cómo hacer mejor las cosas. Hasta ahora, el libro se ha centrado en lo que sale mal, pero ha entretejido sugerencias para abordar explícitamente el tema del abuso espiritual. El resto del libro se centrará en la construcción de culturas sanas. Primero, con un enfoque en la respuesta efectiva, luego con una discusión sobre el liderazgo auténtico y, finalmente, con la construcción de culturas sanas. Queremos dejarte algunas sugerencias positivas para el futuro.

Si algo de lo escrito en este capítulo te ha recordado tu propia experiencia o, por primera vez, ha puesto en palabras tu experiencia, por favor busca ayuda y apoyo. Con todo lo que hemos escrito sobre la necesidad de que haya más apoyo, hay algunas organizaciones que pueden ofrecer un oído comprensivo y que saben qué es el abuso espiritual. Al final del libro incluimos una sección de recursos con sus respectivos detalles de contacto y una breve descripción de las organizaciones para que los lectores puedan ponerse en contacto si creen que esto podría ser útil.

5

Responder bien al que se abre a contar su historia de abuso espiritual

"Se necesita una respuesta comprensiva y sin prejuicios. Reconocer el efecto dañino que ha tenido y proporcionar apoyo práctico y orientación" (*O&H*).

¿Empeorará en vez de mejorar?

Cuando mis hijos estaban creciendo –cuenta Lisa–, solíamos visitar un sendero de aventuras. Una de mis fotos favoritas es una en la que aparecemos nosotros con nuestro grupo de jóvenes descansando a medio camino. A lo largo del sendero, había estaciones para jugar en las que se fabricaban máquinas y materiales agrícolas. Les encantaba. Vagaban por el sendero y luego se detenían a jugar con lo que encontraban. A menudo pensaba que era una forma muy astuta de hacer que salieran a dar un largo paseo. Una de las estaciones era un laberinto de plástico. Los túneles eran muy angostos y parecían estrecharse a medida que se acercaban al centro. No me gustan los espacios cerrados, así que mientras más avanzábamos más pánico empezaba a sentir. En un momento dado pude oír a una niña llorando y luego me topé con ella en una curva. Obviamente, se había separado de sus padres. Así que ahí estaba yo, entrando en pánico, y ahora tenía una niña que estaba en la misma situación. Me dijo que tenía miedo de que las paredes la aplastaran. ¿Cómo responderle? ¿Qué consuelo podía darle? Como no había recorrido este laberinto antes, no sabía lo que venía después y me preguntaba: "¿Empeorará en vez de mejorar?" Empecé a hablar con ella con calma y en silencio, pero estaba muy angustiada. Después de un par de minutos llegó su padre. La levantó, le dijo que sabía dónde estaba la salida y que todo iba a estar bien. No solo logró tranquilizar a su hija, ¡a mí también! Casi instantáneamente dejó de llorar. Se sintió segura y tranquila. Él supo qué decir y qué hacer. Seguíamos ahí, pero ahora nos sentíamos más tranquilas y estábamos seguras de que saldríamos del laberinto.

Esto demuestra lo importante que es saber cómo responder. En este capítulo exploraremos cómo reaccionar cuando las personas deciden compartir sus historias de abuso espiritual. Esto es parte de la construcción de culturas más sanas, en las que se desarrollan respuestas adecuadas y efectivas. Es importante que aprendamos a responder como individuos y como instituciones.

Entiendo mejor lo que es, pero no sé cómo responder

Este es un comentario que hizo un asistente al final de una de mis charlas sobre el abuso espiritual. Había descrito las características clave del abuso espiritual y el impacto que tuvo –cuenta Lisa–. Pero no había discutido cómo reaccionar si alguien compartía su experiencia. En los últimos capítulos de *Breaking the Silence on Spiritual Abuse* (Oakley – Kinmond, 2013) aparecen consejos para los terapeutas que trabajan con pacientes que han experimentado abuso espiritual. Estos capítulos los escribió mi buena amiga y colega, Kathryn Kinmond. Son un excelente recurso para los terapeutas. Imagino que la mayoría de los autores leen las reseñas de sus libros en línea y yo no soy la excepción. Una reseña de *Breaking the Silence on Spiritual Abuse* decía: "Lo único decepcionante de este libro, aunque se menciona en la contraportada, es que las recomendaciones para ayudar a las personas que han sido objeto de abuso espiritual se limitan a los terapeutas profesionales". Esa reseña tiene razón, porque en trabajos anteriores no entregamos información a un nivel más general sobre cómo responder. Esto se debe, principalmente, a que en ese momento no habíamos hecho ninguna investigación al respecto y, por lo tanto, no estábamos en condiciones de hacer sugerencias. En la encuesta de 2017, pedimos deliberadamente a aquellos que se identificaron como víctimas de abuso espiritual que nos dieran recomendaciones para responder mejor. Este capítulo recoge algunos de "lo que no hay que decir", "lo que hay que decir" y otras recomendaciones. De esta manera esperamos abordar el vacío del libro anterior.

Es una conversación

Algunos trabajos útiles en torno a las declaraciones del abuso sexual infantil muestran que a menudo asumimos que la declaración es una conversación en un solo sentido y de una sola vez (Allnock y Miller, 2013; Staller y Nelson-Gardell, 2005), es decir una persona narra su historia de abuso a otra persona, el oyente, en una sola ocasión. Sin embargo, una narración puede ocurrir varias veces, de diferentes maneras, a varias personas (Jensen, Gulbrandsen, Mossige, Reichelt y Tjersland, 2005). Es un proceso interactivo. La persona que se decide a contar su experiencia de abuso se dará cuenta de cómo reacciona quien la escucha, pasará el tiempo procesando y evaluando esta reacción, y luego apoyará en esto sus reacciones y el resto de la narración (McElvaney, Greene y Hogan, 2011). La apertura a contar es un proceso interactivo y por lo tanto es realmente importante que respondamos y reaccionemos bien ante cualquiera que cuente su historia.

Elegir a quién contar

En el último capítulo exploramos el impacto del abuso espiritual. Entender lo que causa una experiencia de abuso espiritual nos debería llevar a querer responder de manera efectiva y apropiada a quienes se abren a contarlas. Es importante destacar al comienzo de esta sección que por lo general las víctimas eligen contar su historia a las personas con las que tienen una relación de confianza, por lo que es poco probable que sea la persona responsable de la prevención en la iglesia.

¿Me estás escuchando?

Cuando mi hija mayor era pequeña –cuenta Lisa– le pedíamos que nos mirara cuando le hablábamos para asegurarnos de que nos escuchaba correctamente. Pronto aprendió a reconocer si la gente realmente la escuchaba o simplemente fingía o escuchaba a medias mientras sus mentes vagaban. Cuando tenía tres años, mientras hablaba con una señora mayor de la iglesia, la escuché decirle muy seriamente: "¡Míreme cuando le hablo, así sé que me está escuchando!". En ese momento me avergonzó mucho lo que le dijo, pero después me di cuenta de que había aprendido lo que realmente significa escuchar y cómo estar segura de que la gente estuviera escuchándote.

Una de las conclusiones más importantes de nuestra investigación de 2017 fue que las personas quieren ser escuchadas activamente cuando cuentan sus historias de abuso espiritual. "Escuchar y oír a la persona"; "cuidadosamente observando, escuchando y respetando" (*O&H*). Este mensaje se repitió una y otra vez. La gente tenía claro que era evidente cuando alguien te escuchaba de verdad y activamente. Esto es realmente importante porque para muchas víctimas la decisión de contar sus historias es aterradora en extremo. Además, pueden tener miedo de que no les crean o que incluso los juzguen. Por lo mismo, es muy importante que se sientan escuchados en todo momento del camino. A veces esto puede ser un verdadero desafío. A menudo las historias de abuso espiritual pueden plantear dificultades a quien las escucha. Podemos dudar de lo que nos cuentan, o sentirnos incómodos escuchando, en el caso de que seamos juzgados por tomar partido. Sin embargo, es necesario escuchar atentamente y de forma activa. En *Breaking the Silence on Spiritual Abuse,* Kathryn Kinmond discute las dificultades que algunos terapeutas experimentan al escuchar historias de abuso espiritual que tocan sus propias creencias de fe. Puede ser difícil escuchar objetivamente, pero es fundamental no permitir que tu propia incomodidad tenga un impacto en la persona que cuenta la historia. Parte de escuchar activamente es mostrar comprensión y empatía con los que cuentan sus historias.

> "Escuchar, tener empatía y hacerles saber que no están solos, es de vital importancia" (*O&H*).

El escuchar puede ser una actividad pasiva (Nemec, Spagnolo y Soydan, 2017), pero hacerlo activamente también significa mostrar empatía con los gestos, las palabras y las acciones (Bodie, Vickery y Gearhart, 2013; Carkhuff, 1972). Las personas necesitan sentir que son aceptadas y validadas como individuos a lo largo de todo el proceso, lo que "afirma su autoestima" (*O&H*). Probablemente se sientan en conflicto consigo mismas. Pueden tener algunas dudas de si sus experiencias fueron tan malas como ellos pensaban. Pueden sentirse culpables por hablar de otros cristianos de una manera que no es positiva. Pueden haber modelado patrones de comportamiento controlador con otros y sentirse culpables por eso. Es importante entender la confusión que a menudo existe en quienes cuentan sus historias.

Las investigaciones sobre la decisión de contar el abuso sexual infantil muestran que algunos factores actúan como barreras para no hablar o para hablar a medias (Lemaigre, Taylor y Gittoes, 2017). Entre esos obstáculos están los sentimientos de culpa y vergüenza (Münzer, Fegert, Ganser, Loos, Witt y Goldbeck, 2016); también la preocupación por las consecuencias negativas para el victimario o la propia familia del niño (Jensen y otros, 2005; McElvaney y otros, 2011). En una encuesta realizada por *Minister and Clergy Sexual Abuse Survivors* (MACSAS, 2010) se examinaron las experiencias de abuso sexual clerical y religioso y las respuestas a las acusaciones. La encuesta determinó que los sobrevivientes que habían sido víctimas de abusos en la edad adulta tenían más probabilidades de presentar una denuncia ante las autoridades competentes que ante la Iglesia, debido a la vergüenza o al temor a la respuesta eclesiástica. Estos problemas se reflejan en el abuso espiritual, con preocupaciones adicionales sobre el impacto en la comunidad religiosa e incluso en la reputación de Dios, pudiendo también actuar como obstáculos. Sin embargo, las investigaciones demuestran que cuando los que hablan reciben apoyo emocional y comprensión en el proceso, esto facilita que la víctima cuente su experiencia de abuso (Hershkowitz, Lanes y Lamb, 2007). Por eso es tan importante la empatía, las respuestas de apoyo y la escucha activa.

Las personas necesitan sentirse aceptadas. Demostrar comprensión y empatía puede ser un factor clave para mostrarles que sus historias se toman en serio. Saber que las personas y sus historias son tratadas con seriedad fue un mensaje clave de la investigación, que subrayó la importancia de "tomar esto en serio, dando reconocimiento a la persona que cuenta su historia" (*O&H*). Reconocer el dolor de quien comparte su relato también es importante, pues aumenta el valor de "un reconocimiento del dolor, la confusión y la angustia. Que te escuchen bien. Un reconocimiento de la gravedad del abuso" (*O&H*).

Estoy seguro de que no fue tan malo, ¿te has mirado en el espejo?

Es muy importante que los individuos no sientan que, de alguna manera, sus historias están siendo desestimadas o minimizadas, así que "no minimices la validez del relato" (*O&H*). A veces, en un esfuerzo por ayudar o por favorecer la reconciliación, la gente puede minimizar o excusar el comportamiento que se está relatando. Pueden decir cosas como "él tiene sus defectos, pero es buenos en otros aspectos..." o "eso ocurre con frecuencia" (*O&H*). Sabemos hace tiempo que la minimización es una respuesta común frente a alguien que se atreve a contar su historia en otros tipos de abuso (Palmer, Brown, Rae-Grant y Loughlin, 1999). A veces, las personas pueden ser incrédulas.

> "Te equivocas, ¿has rezado por esto?, ¿estás seguro de que no te has equivocado?, no, no es así. Lo sacaste de contexto. Obviamente, no tienes una buena relación con Dios. –Yo recibí todas estas respuestas" (*O&H*).

Es común que las personas que se preocupan por el abuso espiritual se enfrenten a preguntas sobre sí mismos y su carácter. Ya explicamos anteriormente la diferencia entre plantear un problema y convertirse en un problema (Johnson y VanVonderen, 2005). A veces, cuando la persona cuenta su historia, se le puede sugerir que es realmente su culpa, y "a menudo la víctima es vista como el problema" (*O&H*). Culparla es común en otras formas de abuso, y las investigaciones demuestran que muchas víctimas de abuso doméstico se enfrentan a la culpa cuando buscan ayuda y apoyo (Meyer, 2016). Es esencial que se preste atención a la persona sin que el que escucha sienta la necesidad de defender al abusador o a la iglesia, es decir, "no culpar a la persona abusada por relatar algo que puede causar dificultades para la organización en cuestión" (*O&H*). Este es un punto clave que a menudo puede pasarse por alto. Puede existir el temor de que la institución de la Iglesia o su expresión local se vean amenazadas si escuchamos y acogemos las historias de abuso espiritual. En el folleto *Pedimos pan, pero nos diste piedras* (Graystone, 2018, p. 4) se relata las experiencias de los sobrevivientes de abuso religioso que revelan sus historias. El autor señala que las víctimas a menudo sienten que "los intereses de la iglesia, su reputación y su poder fueron puestos por encima del cuidado de aquellos a quienes dañó". Es crucial poner a la persona en el centro. Debemos cuidar del individuo. Cuando se ha producido este daño, es correcto y apropiado que se aborde. Cuando se esconde, no podemos crear culturas sanas, abiertas y seguras.

Siempre es útil hacer el ejercicio de pensar en cómo responderíamos a una historia de otro tipo de abuso. Es poco probable que defendamos a la persona de la que se habla o a la institución en cuestión. La cita que aparece al principio de este capítulo nos recuerda que no hay que subestimar el miedo asociado a las experiencias de abuso espiritual. Como suele ser una vivencia aterradora, debemos "reconocer que, cuando acuden a ti para hablar de eso, probablemente estén muy asustados" (*O&H*). Nuestra principal preocupación debe ser asegurarnos de que la persona pueda contar su historia sin ser juzgada o dañada de nuevo.

> "Hay que asegurarse de que la persona sea escuchada y tomada en serio. Sus preocupaciones no deben ser tomadas a la ligera o desestimadas, las acciones del perpetrador no deben ser defendidas" (*O&H*).

Una cita dentro de la investigación muestra cuánto miedo produce hablar de esta experiencia dentro de la iglesia y la falta de certeza de que la historia vaya a ser bien recibida: "Solo se lo he dicho a mi psicólogo. Nunca he confiado en un cristiano, pues se limitará a dar excusas o a restarle importancia al daño que las iglesias son capaces de causar" (*O&H*).

También es importante que no hagamos que el narrador de la historia se sienta responsable de lo que le pueda pasar a la persona que está en el centro de la acusación. Históricamente, los relatos de abuso han sido silenciados por miedo al impacto en la carrera de un ministro o líder. En algunos casos, esto ha llevado a que un individuo siga abusando y que otras víctimas resulten perjudicadas y dañadas. Por lo tanto, cuando escuchamos una denuncia, no podemos usar las consecuencias de lo que se está relatando como una razón para guardar silencio, como en la frase "no debes destruir el ministerio de esa persona" (*O&H*). Un sobreviviente le dijo a Graystone: "La reputación y el bienestar del perpetrador, la parroquia y la diócesis tuvieron prioridad sobre mis necesidades y mi bienestar" (Graystone, 2018, p. 5). Si realmente nos importa la Iglesia y queremos que sea sana, tenemos que ser honestos cuando las cosas no andan bien y cuando las personas resultan heridas. Debemos responder mejor, oponernos a conductas dañinas y trabajar para lograr culturas cristianas sanas.

"Guárdatelo"

Por muy difícil que sea escuchar una historia de abuso espiritual, no debemos silenciar a la persona con consejos como "yo en tu lugar me lo guardaría" (*O&H*). En capítulos anteriores hemos descrito cómo la censura y el silenciamiento son aspectos comunes de la experiencia de abuso espiritual. Esto hace que sea aún más importante que cuando las personas tengan la valentía de hablar, no vuelvan a vivir silenciamiento. Muchas veces, cuando las personas cuentan sus historias, se sienten silenciadas en lugar de escuchadas y apoyadas.

Cuando hago cursos sobre prevención en todo el país –cuenta Lisa–, suelo decirles a las personas que no es necesario que juzguen si algo constituye o no abuso. Simplemente tienen que escuchar lo que se les dice y remitirlo a su coordinador de prevención. Cuando alguien cuenta su historia de abuso espiritual, no te está pidiendo que juzgues la veracidad de lo que cuenta, simplemente te está pidiendo que lo escuches de verdad y que reacciones bien. Esta idea se ve muy bien reflejada en la cita de un encuestado que tenía muy claro lo que no se debe decir cuando te cuentan una historia de abuso espiritual:

> "No te creo. Eso no es abuso. Estás siendo demasiado sensible. Estoy seguro de que no era la intención de la persona o de la organización. – Básicamente, todo lo que minimiza el abuso, justifica al abusador o abusadores y niega la realidad del abuso" (*O&H*).

¿Puedes guardar un secreto?

Si bien es importante garantizar que la persona que cuenta la historia no se vea limitada o silenciada de alguna manera, también es fundamental que las personas diferencien entre las cosas que se pueden mantener en secreto y las que quizás se deban compartir. Este aspecto particular causó bastante controversia en la reciente encuesta que realizamos. Algunas personas sugirieron que era importante mantener la confidencialidad a toda costa y otras estaban igualmente seguras de que la confidencialidad no se puede prometer. Lo importante es que cuando las personas cuenten sus historias, sean conscientes de los límites de la confidencialidad y se les afirme que "prometemos que se comprobará el asunto; que se mantendrá la confidencialidad solicitada en la medida de lo posible a menos que haya cuestiones legales de por medio" (*O&H*).

En 2016 –recuerda Lisa–, tuve el placer y el privilegio de hacer una clase sobre la prevención a algunos de nuestros jóvenes en la iglesia. Somos afortunados de contar con varios adolescentes que se ofrecen como voluntarios para ayudar en nuestro club infantil los viernes y en nuestro club de vacaciones llamado el Arca. Como ya era hora de actualizar nuestros conocimientos sobre la prevención en la iglesia, decidimos enseñar a los líderes por la mañana y a los adolescentes por la tarde. Sabíamos que, como ellos ayudan en estos grupos infantiles, algunos de nuestros adolescentes se toparían con problemas que debían transmitir, aunque no les habíamos dado las herramientas para que supieran cómo hacerlo. Como todos eran adolescentes, creé una sesión personalizada basada en la serie de televisión *El Aprendiz* de la BBC. En ella le di a los jóvenes una visión general de lo que debían hacer si se topaban con algún problema. Como parte del ejercicio, discutimos el tema de guardar secretos. Hablamos de que hay diferentes tipos de secretos y que algunos, como los regalos de cumpleaños, está bien que se guarden. Otros, en los que nos preocupa el bienestar de un niño, no está bien que los guardemos y no deberíamos hacer esas promesas. Me impresionó lo bien que los jóvenes escucharon y respondieron a esta enseñanza. Al final de la sesión hicimos un juego de roles para que pudieran transmitir los principales mensajes que habían aprendido, mientras otro líder juvenil y yo decidíamos si estaban contratados o despedidos.

Tengo la suerte de ayudar en la dirección del trabajo juvenil los domingos por la mañana y, con frecuencia, cuando en alguna conversación surge el tema de los secretos, los jóvenes me recuerdan altivamente que hay algunos secretos que no se pueden guardar, y que es importante ser honesto al respecto.

Obviamente, hay diferencias entre la confidencialidad en la protección de los niños y la de los adultos. La regla general cuando se trabaja con niños (es decir, con cualquier persona menor de 18 años en el Reino Unido), tal y como se ha descrito anteriormente, es que hay secretos buenos y malos. Los malos son aquellos que incluyen información que declara que alguien ha sufrido o corre el riesgo de sufrir daños por parte de otro. Cuando trabajamos con niños, debemos tener muy claro que guardar secretos y prometer confidencialidad en el curso de nuestro trabajo o ministerio es una violación de las mejores prácticas en términos de protección. Cuando trabajamos con adultos hay una diferencia significativa, ya que una vez que se establece que un adulto tiene la capacidad mental para tomar decisiones sobre su propia seguridad, el consentimiento se convierte en un factor para decidir si la información compartida debe mantenerse confidencial. Si bien es posible que queramos que consideren las consecuencias de no denunciar comportamientos que los ponen en peligro, no siempre podemos actuar sin su consentimiento. Una excepción a esto es si se nos informa que una persona ha sido o está siendo dañada por alguien que puede representar un riesgo más general para la población. En estas circunstancias, la mejor práctica fomentaría la denuncia adecuada para proteger a los demás.

Si trabajamos sobre la premisa de que el abuso espiritual debe considerarse como una forma de abuso emocional (niños) o psicológico (adultos), podemos aplicar estos mismos principios en tales circunstancias. Si alguien nos revela que está sufriendo abuso espiritual (véase la definición del capítulo 2), podemos suponer que está sufriendo un daño emocional o psicológico. Como tal, debemos compartir la información con nuestro encargado de prevención para que se genere una discusión sobre qué acción puede ser necesaria.

¡La respuesta debe ser Jesús!

Recuerdo haber asistido a una charla en la que el orador contaba una historia sobre una maestra de escuela dominical que describía algo y su clase tenía que adivinar qué era. "Tiene una cola tupida, le gustan las bellotas y las entierra para el invierno", le dice a la clase. Luego les pide a los niños que le digan lo que creen que es. Un niño levanta la mano y responde: "parece ser una ardilla, pero la respuesta debe ser Jesús". Su suposición era que, en la iglesia, la respuesta siempre es Jesús. Esta misma "respuesta por defecto" también ocurre cuando se responde a historias de abuso espiritual. A menudo, la primera respuesta de quienes escuchan a alguien que cuenta su historia es ofrecer oración o lectura de las Escrituras. Si bien esto puede ser útil para algunos, puede no serlo para otros. Si la oración y las Escrituras se han utilizado como parte de la experiencia de coerción y control en un contexto religioso, presentarlas como una solución o respuesta puede resultar contraproducente, como cuando te dicen "rezaré por ti, así te olvidarás. Dios tiene el control, todo esto debe ser parte de su plan" (*O&H*). También es importante reconocer que para algunas personas la experiencia de abuso espiritual puede haber tenido tal impacto en su fe que ya no saben si creen o en qué creen, mientras que otras ya no tendrán fe. Por lo tanto, ofrecer oraciones o lecturas de las Escrituras puede ser inútil y a veces perjudicial.

Lo mejor es esperar antes de ofrecer estos recursos. Hay que considerar cuándo y dónde se ofrecen, si se ofrecen y cómo deben entregarse a la persona en cuestión. Por lo tanto, un comentario como "si te ayuda que rece o lea las Escrituras, me dices y lo hago, la decisión es tuya", podría ser útil. De esta manera no hay presión y la persona no tiene que tomar una decisión en ese momento.

¿Qué quieres que piense?

Una de las áreas en la que llevo años enseñando en la universidad es la psicología del desarrollo –precisa Lisa–, el estudio del desarrollo del niño y del adolescente. Uno de los teóricos de esta área es Piaget, quien se centra en cómo piensan los niños sobre el mundo y cómo desarrollan su comprensión. En una clase les expliqué a los alumnos las bases de su teoría. Luego les pregunté: "¿Qué piensan de la teoría de Piaget?" Una alumna levantó la mano y me dijo: "¿Qué quieres que pensemos?" Los estudiantes habían cursado asignaturas de nivel avanzado que no solo explicaban las teorías, sino que también les decían cómo evaluarlas. La estudiante estaba segura de que había una respuesta correcta y quería saber cuál era. Ella también estaba segura de que yo quería que pensaran de una manera determinada. Se sorprendió bastante cuando le dije: "Quiero que pienses lo que piensas, pero quiero que sepas por qué lo piensas".

Cuando las personas han experimentado un control y una coacción excesivos, suele ocurrir que habrán estado en un sistema en el que, ante cualquier pregunta, había una respuesta correcta y otra incorrecta. Es posible que hayan pasado parte de su tiempo intentando determinar cuál era la respuesta o el comportamiento correcto. Por lo tanto, si bien es cierto y totalmente apropiado dar la posibilidad de elegir si quieren orar o leer las Escrituras, y que tengan el mayor control posible sobre lo que ocurre después de que cuenten sus historias, es importante reconocer que estas opciones podrían provocar ansiedad. Estas personas pueden haber pasado mucho tiempo con opciones restringidas, o sin poder tomar decisiones por sí mismas, en circunstancias que "generalmente se meten en sus cabezas para que no puedan tomar decisiones por sí mismas" (*O&H*). Del mismo modo, Myhill (2015) investigó el control coercitivo en las relaciones de pareja y descubrió que uno de sus efectos era la pérdida de confianza. Por lo tanto, después de una experiencia de abuso espiritual, ofrecer la posibilidad de elegir podría hacer que la persona se sienta insegura y quizás es pedirle demasiado, al menos al principio. Por lo tanto, es importante que se apoye a las personas mientras toman decisiones y que las reafirmemos como individuo.

> "Me habían enseñado que el abuso era en realidad amor y estaba bien. Me asustaba decir que era abuso" (*O&H*).

¡Debes perdonar ahora!

Cuando le preguntamos a los participantes de la encuesta de 2017 qué es lo que no hay que decir cuando una persona se anima a relatar su historia de abuso espiritual, varios comentaron que hay que evitar presionar a la persona para que perdone rápidamente. No hay que decir cosas como "debes perdonarlo, no importa que todavía esté abusando de la gente, tu deber es perdonar" (*O&H*). El tema del perdón es fundamental para la fe cristiana, pero también es muy complejo en relación a las experiencias de abuso. Si bien algunos llegan a hacerlo con el tiempo, no debería ser la primera respuesta a quien revela su historia de abuso: "Deja de insistir con el perdón" (*O&H*). Cuando apresuramos a las personas a perdonar, pueden sentir que estamos inadvertidamente culpándolas por su experiencia. Es como si les estuviéramos diciendo que son responsables de perdonar a esta persona y que si no pueden entonces tienen la culpa. Puede haber una instancia de perdón en algún momento, pero el proceso puede ser largo y difícil y, al final, es una elección personal. Por lo tanto, es mucho más importante que la persona que comparte su historia de abuso sea recibida con cuidado, apoyo y aceptación desde el inicio.

La guía de la Iglesia de Inglaterra sobre el perdón y la reconciliación enfatiza la importancia de cuidar a aquellos que han sido abusados y evitar sugerir que el perdón es fácil, instantáneo o un requisito para que Dios ame a un individuo (*Church House Publishing*, 2017).

En el capítulo 4 explorábamos el impacto del abuso espiritual y la respuesta común de culparse a uno mismo. Cuando los individuos sienten presión por perdonar a sus victimarios, esto se suma a una situación en la que ya se sienten responsables. Por lo tanto, esto puede causar más dudas sobre uno mismo. Además, la presión de perdonar puede hacer aflorar recuerdos de la coerción que sintieron para ajustarse a otras expectativas de comportamiento dentro del abuso espiritual, causando daño nuevamente. Por eso, es fundamental que evitemos presionar de cualquier manera.

Del mismo modo, las víctimas no deben sentirse presionadas a reconciliarse con la persona que las ha controlado y coaccionado. En otras formas de abuso no esperaríamos que la primera respuesta fuera sugerir una reconciliación. Lo mismo ocurre en los casos de abuso espiritual. Hay que darle espacio a los individuos para que cuenten su historia, para que se responda adecuadamente, para que se tomen las medidas necesarias y para que sigan su propio camino personal de sanación. A veces, en las comunidades cristianas estamos tan desesperados por apresurar a las personas a que sanen, que podemos terminar hiriéndolas, aunque nuestras intenciones sean buenas.

"Si tu hermano llega a pecar, vete y repréndele, a solas tú con él"

Una manera inapropiada de proponer la reconciliación es citar Mateo 18,15. En este pasaje de las Escrituras, se anima a las personas a que vayan y hablen cara a cara con quien creen que ha hecho algo mal. Este principio puede ser sano y útil en una relación que no es abusiva. En muchas circunstancias, cuando las personas están en desacuerdo dentro de una comunidad cristiana, hablar directamente con el otro y discutir el asunto puede resolver rápidamente las cosas. Sin embargo, cuando alguien ha sufrido abuso, no es apropiado sugerir que se acerque a su abusador a solas. De hecho, tal sugerencia puede ser atemorizante y potencialmente peligrosa.

> "En mi caso, Mateo 18,15 me generó un conflicto, me sentía obligado a ir a hablar con la persona que me estaba abusando espiritualmente antes de poder buscar ayuda. En cualquier otro caso de abuso nunca sería apropiado que la víctima se enfrentara a su abusador sola" (*O&H*).

Para aquellos que han experimentado el abuso espiritual, las relaciones de poder serán tan fuertes que un encuentro de este tipo probablemente promueva el miedo y la inseguridad. Incluso, si el encuentro está mediado por otros y se realiza en un lugar seguro, no es una respuesta acertada cuando una persona se decide a hablar. De hecho, si alguien ha sufrido abusos espirituales, el autor puede ser muy bueno manipulando a la gente y la información y, por lo tanto, el que denuncia puede ser objeto de más coerción.

> "No te límites a organizar un encuentro con la persona afectada para reconciliar a las partes como si fuera un desacuerdo entre iguales" (*O&H*).

Por lo tanto, nuestra sugerencia es que, en primer lugar, se escuchen los relatos y se remitan al coordinador de prevención (con su consentimiento en los casos en que sea necesario) siguiendo el procedimiento habitual. Luego puede ser necesario reflexionar si se han alcanzado los umbrales para la presentación de informes adicionales y tomar las medidas correspondientes.

Si va a haber alguna reconciliación o discusión en el futuro, esta debe ser a pedido de la persona abusada y de una manera que él o ella sienta que es útil y segura.

Hoy, hay un protocolo para todo

En un evento formativo reciente, uno de los delegados preguntó si las políticas de prevención realmente hacían alguna diferencia. Cuando le hago este tipo de comentarios a algunos de mis colegas prevencionistas –relata Lisa–, a veces recibo miradas de reproche o de indignación. Sin embargo, es un desafío muy real. Hace poco di una charla titulada "El problema de las políticas". Esta conferencia exploraba los desafíos de conseguir que un protocolo marque una diferencia en la realidad y en la práctica. A menos que la gente entienda realmente el problema en el que se basa la política, es poco probable que se sienta motivada para poner en práctica cualquier sugerencia. Para nosotros, una de las motivaciones para escribir este libro era debatir de forma abierta y transparente la cuestión del abuso espiritual. De este modo, esperamos que la gente se sienta motivada para abordar el tema y seguir construyendo culturas sanas.

> "Creo que es importante desarrollar la política, la práctica y la formación en este ámbito" (*O&H*).

El desarrollo de una política eficaz en torno al abuso espiritual es esencial para que las personas vean que sus relatos reciben una respuesta eficaz y se toman las medidas de seguimiento adecuadas. Hasta la fecha, las escasas políticas y protocolos en esta área han limitado las respuestas apropiadas a las revelaciones. Por lo tanto, cuando las personas cuentan sus historias es muy poco lo que se puede hacer en respuesta. En la encuesta de 2017, solo un tercio de los encuestados afirmó que su iglesia o agrupación cristiana tenía una política que incluía el abuso espiritual: una cuarta parte dijo que no tenían, y el resto no estaba seguro. Por lo tanto, aunque podamos cuestionar la relevancia de la política en general, la ausencia de esta deja a las personas con pocas oportunidades o posibilidades de que sus historias y experiencias sean reconocidas y respondidas, y de que se produzcan las acciones de seguimiento apropiadas. La falta de políticas y procedimientos puede crear una situación en la que el abuso persiste. En 2014 escribí un artículo con Kathryn Kinmond en el que urgíamos el desarrollo de políticas y prácticas de protección en el ámbito del abuso espiritual (Oakley y Kinmond, 2014). Un segundo artículo publicado recientemente (Oakley, Kinmond y Humphreys, 2018) ilustra que, aunque se han logrado algunos avances desde entonces, las recomendaciones del primer artículo siguen vigentes y se necesita mucho más trabajo en el desarrollo de políticas y prácticas.

La buena noticia es que algunas confesiones cristianas ya han elaborado una política en este ámbito, algunas las están desarrollando y otras están utilizando y adaptando el modelo de política proporcionado por *Thirtyone:eight*. Por lo tanto, para muchos no es necesario desarrollar una política desde cero, pero es importante que las iglesias y las organizaciones cristianas tengan una política sobre este tema. De hecho, muchos de los encuestados que se identificaron como víctimas de abuso espiritual destacaron la importancia de desarrollar un protocolo a seguir en este ámbito.

"Exigir que todas las iglesias y organizaciones cristianas integren este tipo de abuso en su política de prevención" (*O&H*).

La Iglesia debe dar el ejemplo en este ámbito

Las políticas y los protocolos son componentes importantes de la respuesta tanto a nivel individual como institucional. Muchos de los que contestaron nuestra encuesta sobre el abuso espiritual en 2017 plantearon el problema de la adecuada respuesta eclesial o institucional. Ya hemos reconocido en este libro lo difícil que puede ser contar nuestras historias de abuso espiritual, en parte debido al miedo que a menudo se asocia con esto. Algunos de los que respondieron a la encuesta sugirieron que era necesario que hubiese formas de plantear las preocupaciones de manera confidencial: idealmente, "tiene que haber una ruta independiente para denunciar" (*O&H*). Algunos recomendaron un servicio de asistencia telefónica independiente para denunciar. Sin embargo, en otros contextos, como el sector de salud, varios procedimientos de denuncia implementados no siempre han logrado proteger al denunciante (Drew, 2014). Por ello, hay que pensar cómo se puede facilitar la revelación del abuso espiritual sin amenazar la seguridad de la persona que se decide a hablar.

Además, para que se produzcan verdaderos avances en este ámbito, las diferentes iglesias deben reconocer los problemas y garantizar el compromiso de abordarlos.

> "Debe haber un compromiso demostrable al más alto nivel para proteger a las personas contra el abuso espiritual, así como una clara apropiación de la política dentro de las organizaciones o iglesias para que cumplan adecuadamente con su deber de cuidarnos a todos" (*O&H*).

Dentro de las observaciones en las investigaciones actuales de la IIC-SA en el Reino Unido (*Investigación Independiente sobre Abuso Sexual Infantil*), se ha hecho un llamado para establecer un organismo independiente para supervisar la prevención en todas las iglesias. En nuestra investigación más reciente, varios encuestados sugirieron que se necesita algún tipo de institución externa para garantizar que se responda y actúe adecuadamente ante las denuncias.

> "Tiene que haber un organismo externo al que todas las iglesias tengan que rendir cuentas" (*O&H*).

Ya sea que se establezca o no esta entidad, es realmente importante que mejoren sus estándares de respuesta y prevención, y que sean más transparentes en este ámbito. La respuesta a las denuncias de abuso debe poner siempre a la persona en el centro y operar de una manera que busque proteger a la persona y no a la institución.

Resumen

El siguiente es un breve resumen de los principales aspectos que creemos que deberías que considerar y que te podrían servir para reaccionar y responder bien ante un relato de abuso espiritual.

1. Escucha activamente el relato, demuestra que te tomas esto en serio.
2. Asegúrate de que la persona que cuenta su historia sepa que la valoras.
3. No minimices, no juzgues o defiendas al presunto abusador o a la Iglesia.
4. Sé claro sobre los límites de la confidencialidad.
5. Ten cuidado si ofreces orar o leer las Escrituras, asegúrate de que la persona pueda elegir si quiere esto o no.
6. Evita utilizar a Mateo 18 para responder por primera vez a una confidencia de abuso espiritual.
7. No apresures a las personas a perdonar y reconciliarse.
8. Conversa el riesgo de daño con tu coordinador de prevención y considera cuidadosamente los pasos a seguir.
9. Asegúrate de que existe una política y un protocolo que incluya el abuso espiritual en tu iglesia, y que se siga.

¿Ayuda o perjudica?

Tengo un hermano –explica Lisa–, que se llama Richard y que es dos años y medio mayor que yo. Mis padres a menudo cuentan la historia de cuando él decidió darme chocolate a los dos días de nacida. Yo estaba en la cuna y él queriendo generosamente compartir conmigo su preciado chocolate, me metió unos trozos en la boca. Sin embargo, como era una recién nacida no estaba preparada para comer chocolate de leche, así que empecé a atragantarme con su regalo. Mi madre, que estaba bastante mal después de dar a luz, se vio obligada a levantarse y rescatarme mientras yo seguía atragantándome con el chocolate. Mi hermano tenía la mejor de las intenciones, pero en lugar de ayudar, me causó daño (esta historia es ahora su excusa para no regalarme chocolates).

En los primeros capítulos de este libro exploramos el tema de la intencionalidad. Reconocimos que a menudo la gente controla y coacciona a los demás sin comprender las consecuencias de sus actos. Muchas veces hay muy buenas intenciones de por medio.

> "Como cristiano, me avergüenza que personas que se dicen cristianas hayan infligido tanto daño, y lamentablemente la mayoría de las veces lo han hecho por ignorancia" (*O&H*).

Las personas suelen creer genuina y honestamente que están siguiendo el plan y la voluntad de Dios, y que lo que hacen es por el bien de la persona o de la iglesia o agrupación.

> "Los abusadores espirituales pueden creer que están dando una enseñanza buena y piadosa para ayudar a los demás. El abuso espiritual puede ocurrir, incluso, cuando el abusador tiene un buen corazón. Creen genuinamente que están ayudando a la víctima" (*O&H*).

Esto hace que responder bien a los individuos acusados de abuso espiritual sea una parte compleja y desafiante del laberinto. Es importante decir que, incluso cuando las personas no tienen la intención de lastimar a otros, esto no hace que el daño sea menor, o que la necesidad de abordarlo de algún modo disminuya.

> "Algunas personas ni siquiera saben que están siendo abusivas, porque creen que Dios les ha hablado claramente de las cosas, pero hieren a mucha gente en el proceso" (*O&H*).

Al responder a una historia de abuso espiritual es necesario reconocer que el protagonista puede no ser consciente de cómo su comportamiento tiene un impacto en los demás y puede sentirse confundido por la acusación.

> "Tanto los abusadores como las víctimas necesitan esclarecimiento, información y ejemplos sobre el abuso y formas alternativas de tratar a las personas" (*O&H*).

Blue (1993) y Arterburn – Felton (2001) señalan que los ministros suelen ser ingenuos respecto al impacto de su comportamiento en los demás y no es su intención adoptar estilos abusivos. Para algunos, desafiar su conducta y apoyar el cambio puede generar formas de comportamiento nuevas y sanas. Para otras, puede generar un rechazo a aceptar tal desafío o a reconocer el daño y el perjuicio que han causado. La prioridad debe ser mantener la seguridad de las personas. Por lo tanto, en cualquier circunstancia en la que se haya alegado abuso espiritual y haya pruebas que apoyen esta acusación, es esencial que se continúe haciendo seguimiento y supervisando. La IICSA (*Investigación Independiente sobre Abuso Sexual Infantil*) nos ha enseñado que ya no podemos limitarnos a "esperar lo mejor" o a confiar en que todo saldrá bien. Si realmente queremos crear culturas sanas, tenemos que asegurarnos de que los procedimientos, el control y la supervisión adecuados se incorporen y se apliquen a todos.

> "Todos deben rendir cuentas" (*O&H*).

Si bien es importante cuestionar los comportamientos individuales que no son sanos ni útiles, queda en evidencia una vez más la necesidad de construir una mejor comprensión del control, elección, relaciones sanas y comportamientos seguros y sanos. Cuando comprendemos mejor estas cuestiones, somos más capaces de identificar los comportamientos que no son sanos. Cuando creamos una cultura en la que se aceptan los desafíos apropiados y respetuosos, avanzamos hacia un lugar en el que las personas pueden estar más capacitadas para reconocer sus propias fallas y hablar sobre las experiencias de control. Sin embargo, hay un enorme camino que recorrer antes de que esta visión se haga realidad. Esto nos exigirá reevaluar y repensar la Iglesia y la cultura cristiana. Nos exigirá salir del modo de defensa o autoprotección y entrar en un lugar de transparencia, respeto y apertura. Una de las cosas que puede impedirnos emprender este camino es la preocupación por la imagen que tendrá la Iglesia si somos más honestos y abiertos con nuestras fallas.

Más allá de la Iglesia

"No queremos que el mundo piense que la Iglesia que predica amor no puede vivirlo" (*LO*).

Uno de los entrevistados en mi investigación doctoral señaló que una de las principales razones del silencio sobre el abuso espiritual es no querer dar más munición para que la gente piense mal del cristianismo y de la fe. Es cierto que muchos de los artículos más recientes en los medios de comunicación no han sido positivos y gran parte de ellos están totalmente justificados, ya que la Iglesia no ha actuado ante las denuncias de abusos y, en algunos casos, las ha encubierto. De igual manera, la fe y las personas religiosas no suelen ser tenidas en gran estima por quienes no comparten nuestras creencias. Por otro lado, nuestra investigación sobre el abuso infantil vinculado a la fe o a las creencias, y sobre la protección de los adultos en el contexto cristiano, demostró que muchos cristianos se sienten juzgados e incomprendidos por los organismos estatales y que muchos de estos carecen de una comprensión detallada de la fe, las creencias y de la confianza para trabajar en estos temas (Oakley, Kinmond, Humphreys y Dioum, 2017; Oakley, Fenge, Bass y Humphreys, 2016). Hace poco nos aceptaron publicar un artículo en la revista *Child Abuse Review*, en el que pedimos una mayor alfabetización en materia de fe en los servicios oficiales para desarrollar aún más la protección infantil y el trabajo colaborativo. En su excelente libro *Faitheism* (2018), Kandiah reconoce la fuerza de un enfoque de colaboración entre los creyentes y no creyentes. Señala que tanto los cristianos como los ateos creen en la dignidad y el valor de las personas. Por lo tanto, si se puede desarrollar más la alfabetización en la fe, puede existir una relación más fecunda. En este contexto, las respuestas al abuso espiritual y a otras formas de abuso que se producen en los entornos religiosos (y fuera de ellos) mejorarían mucho.

En cuanto a la creación de una respuesta eficaz al abuso espiritual, es importante que los mensajes al respecto vayan más allá de los muros de la Iglesia, ya que "creo que esto es realmente importante y, como se ha dicho antes, puede ser necesario hacer tomar conciencia a aquellos que están fuera de la comunidad o del contexto de la Iglesia" (*O&H*). Aunque a algunos les preocupa esto, nosotros sugerimos que es esencial. Como dijimos al principio, cuando las personas están dañadas es importante que reciban ayuda y apoyo. Al debatir estas cuestiones externas a la Iglesia, no las estamos creando, por el contrario, ya están ahí y lo que estamos haciendo es ofrecer oportunidades para que los problemas se entiendan mejor. Además, esto abre la puerta a discusiones generales sobre el lugar de la fe en la vida de las personas y cómo se puede proporcionar libertad religiosa para seguir practicando la fe sin miedo a ser juzgados o malentendidos. En estos debates se puede hablar de cuándo un comportamiento se convierte en coercitivo, dónde están los límites y algunas de las complejidades de vivir la fe.

> "Hay una diferencia entre el abuso espiritual por parte de padres obsesivos y la auténtica transmisión de la fe por parte de padres preocupados, que desean que sus hijos les sigan en su creencia" (*O&H*).

Lejos de ser negativas, estas discusiones deberían conducir a una sana comprensión de la fe y asegurar que este aspecto de la vida de las personas pueda ser discutido abierta y honestamente.

> "Creo que permanecer en silencio socava la obra de Dios y afecta negativamente al reino de Dios en su conjunto" (*O&H*).

Tales conversaciones también pueden ayudar a comprender el papel positivo que juegan las comunidades religiosas en la vida de los miembros de una comunidad más amplia, y el recurso positivo que a menudo son. Es precisamente este tipo de conversaciones las que promueve Kandiah.

Yo era relativamente nueva en el mundo de Twitter –cuenta Lisa–, cuando tuiteé lo siguiente: "Si la Iglesia mejora en admitir cuando lo hacemos mal, el mundo podría mejorar en admitir cuando lo hacen bien". Este sigue siendo mi tuit más retuiteado. Está claro que resonó entre los creyentes y no creyentes. A menudo estamos tan desesperados por proteger la reputación de la Iglesia a toda costa, que no vemos que al ser transparentes y abiertos cuando las cosas están mal, también generamos el espacio para hablar cuando las cosas están bien.

> "Tenemos que superar la falta de decisión para señalar las áreas en las que ocurren abusos" (*O&H*).

En la actualidad, los debates sobre la fe en la sociedad suelen ser muy negativos, pero si abrimos el diálogo también tenemos la posibilidad de ofrecer la imagen completa.

El abuso espiritual no se limita a las comunidades cristianas

Una de las mayores preocupaciones que muchos cristianos han expresado sobre nuestro trabajo en el ámbito del abuso espiritual es que podría parecer que estamos sugiriendo que estos comportamientos solo se dan en el contexto de la fe cristiana. Como hemos dicho al principio, nuestra fe personal y nuestra área de experiencia es el cristianismo. Sin embargo, la retroalimentación que recibimos en las conferencias y en los artículos de revistas muestra de manera consistente que estos comportamientos también ocurren en otras creencias.

De hecho, Abugideiri (2018), quien escribe desde una perspectiva musulmana, ha señalado recientemente que, en el trabajo interreligioso que ha llevado a cabo, ningún grupo religioso tiene el monopolio sobre el abuso espiritual. Por lo tanto, al tratar de abordar esta cuestión más allá de los muros de la Iglesia, es importante que la formación y la educación estén disponibles en todas las religiones.

> "Todos los líderes de los grupos de las organizaciones religiosas deberían educarse, como lo harían con otras formas de abuso" (*O&H*).

Resumen

Este capítulo proporciona orientación sobre cómo responder a una persona que se decide a hablar de su historia de abuso espiritual. Se basa en la información proporcionada por los encuestados que se identificaron como víctimas de este tipo de abuso. Exploramos algunas de las dificultades de responder bien y reconocimos la importancia de la respuesta tanto institucional como individual. En el capítulo también reflexionamos sobre los retos que supone abordar las conductas coercitivas en aquellos que no son conscientes del impacto que su propio comportamiento tiene en los demás. Por último, afirmamos la importancia de explorar este tema más allá de los muros de la Iglesia. Reconocemos la necesidad de admitir este problema y de educar a los profesionales de los organismos estatales, así como la necesidad de abordar esta cuestión en las distintas creencias.

Al tratar de navegar y escapar del laberinto del abuso espiritual, intentamos señalar algunos de los callejones sin salida que existen actualmente y buscamos ofrecer el esbozo de un mapa que pudiera ayudar a las personas a iniciar su camino hacia una salida segura. Las recomendaciones y sugerencias contenidas en este capítulo son ladrillos para construir una cultura cristiana más sana.

En el próximo capítulo exploraremos la cuestión del liderazgo y examinaremos el papel que tienen los líderes para garantizar que trabajan de forma sana, y también para establecer culturas sanas y más seguras.

Thirtyone:eight tiene una gran cantidad de información disponible en su sitio web que puedes consultar, con el objetivo de que, junto, creemos lugares más seguros. Para más información sobre Thirtyone:eight y cómo ponerse en contacto, véase el apéndice de la página 204.

6

El desafío de un liderazgo auténtico

"Sería bueno examinar cómo es un liderazgo eclesiástico sano" (*O&H*).

La vista desde el centro

Recuerdo ir corriendo por un laberinto –cuenta Justin–, porque quería ser el primero de mi grupo en llegar al centro. Era un día de mucho calor, algo inusual en el Reino Unido. Todavía recuerdo cómo se veía el centro del laberinto: una estructura de madera blanca de varios lados con un techo decorativo inclinado. Tenía un mirador abierto y elevado con barandas alrededor, desde el que se podía ver y oír a muchísimas personas que gritaban instrucciones a sus compañeros que aún no habían encontrado el camino para reunirse con ellos. Pero yo solo podía ver la parte superior de la estructura desde el interior de los muros del laberinto. Estaba desesperado por llegar al centro, porque sabía que una vez que llegara podría elevarme para ver todo el laberinto y a mis compañeros de equipo que –con suerte– me seguirían hasta ahí. Sinceramente, no recuerdo si gané en aquella ocasión. De lo que sí me acuerdo es que, una vez que llegué al centro y subí los escalones de madera hasta el mirador, por fin pude ver todo, y a todos. Me sentía un poco acalorado y cansado, pero estaba feliz. Pude ayudar a los demás de mi grupo a encontrar el centro, y además formulamos estrategias para encontrar juntos el camino de vuelta.

Un enfoque basado en las fortalezas

Probablemente todos podemos hacerlo. Todos podemos hacer una lista de los líderes más importantes en la historia. Probablemente serían líderes de diferentes ámbitos de la vida que nos inspiran, como Nelson Mandela, la Madre Teresa, Richard Branson, Emmeline

Pankhurst, Billy Graham, Oprah Winfrey o Winston Churchill. Tu lista puede ser diferente, pero habrá algo que te atraiga y te inspire a buscar en ellos un ejemplo de cómo podrías tener más éxito en lo que sea que te enfrentes como líder. Seguramente, todos ellos comparten la pasión que sentían por aquello por lo que llegaron a ser reconocidos. Además, es posible que hayan tenido una mentalidad determinada, focalizada, comprometida y decidida, debido al entusiasmo que sentían por lo que hacían o a quienes conducían. Todos estos son atributos buenos, ¿no es cierto? Claro que sí. Pero, ¿qué pasa con las cuestiones que acechan en el fondo y que pueden hacer que un líder se pase del límite en su trabajo o ministerio y se desvíe hacia un territorio que empieza a ser perjudicial para los demás?

En este capítulo, comenzaremos a explorar algunos de los aspectos del liderazgo que tienen la capacidad de construir o destruir a las organizaciones y a las personas que las integran. En términos generales, exploraremos esto desde una perspectiva basada en las fortalezas. Más adelante explicaremos por qué. Nuestra esperanza es que, al hacerlo, podamos apuntar hacia lo que todos deberíamos aspirar en un liderazgo. Esto puede ayudarnos a identificar lo contrario y a estar preparados para actuar en consecuencia. Creemos que es importante repetir, y lo haremos a lo largo de este capítulo y del libro, que tenemos muy claro que los líderes no son las únicas personas que abusan espiritualmente. El resto de las personas que abusan espiritualmente, pero no entran en esta categoría podrán discutirse en otra instancia. Dicho esto, este capítulo se centra en los líderes y su rol.

> "Muchos líderes de las religiones se han alejado tanto de la verdad, que dirigen con soberbia y con una actitud que no permite el desarrollo de los demás" (*O&H*).

Al principio se asume que el comportamiento espiritualmente abusivo nace de las insuficiencias y de las fallas en el ejercicio de un buen liderazgo. Sin embargo, es importante reconocer que no existe una tipología única de los líderes que abusan espiritualmente; que sean carismáticos no significa que abusen; que tengan puntos de vista teológicos fuertes, tampoco. El objetivo de este capítulo no es ofrecer esta información al lector para identificar líderes que abusan espiritualmente. Nuestra idea es dar orientación sobre algunas las cuestiones que pueden favorecer una deficiencia en el área del liderazgo, y comenzar a explorar prácticas y mecanismos que puedan ayudar a evitar comportamientos espiritualmente abusivos.

Cambiar la narrativa

En la introducción de este libro, mencionamos la realidad de que algunos líderes abusan espiritualmente, y que muchos tienen comportamientos coercitivos y controladores al hacerlo. Nos parece muy importante aclarar en esta etapa inicial que la gran mayoría de los que están en posiciones de liderazgo (particularmente dentro de la Iglesia) lideran lo mejor que pueden, con un verdadero deseo de ser una influencia positiva en las vidas de aquellos que conocen y dirigen.

> "Ser pastor es un trabajo enormemente estresante y a menudo poco gratificante, donde la mayoría hace lo mejor que puede" (*O&H*).

Hemos sido cuidadosos en asegurar que este no termine por convertirse en otro libro que describe los fracasos de la Iglesia mundial y de otras esferas de la vida en las que los líderes han ayudado a pensar que no hay salida. Esto no quiere decir que las víctimas y los sobrevivientes no tengan derecho a contar su historia, cuando se sienten capaces. Más bien, esperamos centrarnos en cómo evitar algunas de las bien documentadas fallas y qué se requiere para crear lugares más seguros.

Cambiar la narrativa para enfocarse en un punto de vista salvífico y preventivo favorece la capacidad de escuchar las experiencias negativas de aquellos que han sufrido como resultado de conductas negativas y poco sanas. Esto debería ayudar a reorientar nuestro pensamiento hacia lo que es seguro y sano. A mí me llamó mucho la atención —relata Justin— los comentarios que hizo Marcus Buckingham en un reciente discurso frente a más de 8.000 líderes religiosos, organizaciones benéficas, gigantes corporativos y grupos comunitarios de todo el mundo. Buckingham, uno de los principales defensores del liderazgo basado en las fortalezas, habló de cómo debemos construir equipos que den buenos resultados, centrándonos en las fortalezas positivas para aprender de lo que funciona bien (Buckingham 2017):

> "Estudiar equipos disfuncionales no nos dice nada sobre cómo construir equipos que funcionen bien".

Esto parece verdadero, hasta cierto punto. Lo que Buckingham sugiere es que debe cambiar el equilibrio entre el enfoque sobre lo que no funciona y lo que sí funciona. No debemos ignorar lo que no funciona, pero enfocarnos exclusivamente en estos aspectos negativos no nos ayudará a encontrar el camino y a salir de donde estamos. Así que, de nuevo, volviendo al abuso espiritual, debemos hacernos la siguiente pregunta: ¿qué aspecto tiene una iglesia, una organización de beneficencia, una comunidad o una empresa sana, y cuál es el papel del líder para conseguir esto? A pesar de reconocer que el abuso espiritual puede ocurrir desde y hacia los líderes, gran parte de los entornos en los que se produce abuso de cualquier tipo están configurados por aquellos que desempeñan funciones de liderazgo.

> "El abuso espiritual por parte de los miembros de la comunidad cristiana hacia los líderes va en aumento" (*O&H*).

> "Los líderes de las iglesias también pueden ser abusados por los miembros de sus asambleas y esto tiene un impacto persistente en su bienestar" (*O&H*).

De este modo, encontramos el enfoque para este capítulo volviendo a la pregunta de lo que se necesita para crear culturas sanas que planteamos al final del capítulo 4. La autenticidad en el liderazgo sugiere que seamos conscientes de lo que ocurre dentro y alrededor de nosotros. Esta conciencia nos ayuda a ser responsables y a rendir cuentas de la forma en que abordamos los desafíos que enfrentamos en nuestro liderazgo. Al hacerlo, podemos enfrentar la necesaria pregunta de qué es un liderazgo sano.

¿Lobos con piel de oveja o celebridades en pedestales?

Muchas publicaciones sobre el tema del abuso espiritual recurren a la analogía de los "lobos con piel de oveja" tomada de varios pasajes del texto bíblico (Mateo 7,15, 10,16; Lucas 10,3; Hechos 20,29). Si bien, establecer esta analogía sería adecuado en muchos casos, en otros supondría una tergiversación. ¿Qué quiero decir con esto?, pregunta Justin. La analogía de los lobos indica un grado de malevolencia y engaño: un intento deliberado e intencionado de disfrazar su verdadero ser con el deseo de engañar a los demás. En muchos casos –incluidos los examinados por los autores– encontramos que, lejos de ser intencional, los que han caído en patrones de comportamiento espiritualmente abusivos lo hicieron sin percatarse. Ese comportamiento se transformó en una pendiente resbaladiza de la que no se dieron cuenta necesariamente, hasta que era demasiado tarde. Y cuando lo hicieron, la autodefensa y la negación entraron en acción como medio para resistir el cambio. Nuestra investigación de 2017 sobre la comprensión del abuso espiritual en el Reino Unido –en la que participaron más de 1.500 encuestados– reconoce que la sutileza de los rasgos abusivos que emergen en la práctica del liderazgo requiere atención. Como sugiere un encuestado:

> "El abuso espiritual es a menudo muy sutil y los líderes, en particular, necesitan ser conscientes de cómo pueden estar abusando sin saberlo, y cómo enfrentar las situaciones si se presentan" (*O&H*).

Para algunos dirigentes, su posición y estatus de semi-celebridad se ha entrelazado tanto con su sentido de identidad que es imposible afirmar que llegar a ser espiritualmente abusivos sea una consecuencia de su deseo egoísta de aferrarse a esa posición, sin importar el costo, para ellos y para los demás. Se han hecho muchas comparaciones entre los personajes bíblicos del rey Saúl y el rey David en el Antiguo Testamento. Saúl ansiaba el liderazgo y la posición, pero tenía poca conciencia o interés en sus debilidades, mientras que a David se le impuso el liderazgo (como parte del plan divino) y, sin embargo, tenía un sentido mucho más desarrollado de sus propias fracturas y fragilidades. El pastor y teólogo A. W. Tozer tenía una gran visión de esta dicotomía. El autor señala de forma notable la asombrosa capacidad de Dios, a través de su Espíritu Santo, para hacer un guía a partir de sus humildes comienzos y sus fracturas, al tiempo que alude al concepto de "liderazgo seguro" (Tozer, 1962):

> "Un líder verdadero y seguro es probablemente uno que no tiene el deseo de liderar, pero es forzado a un puesto por la guía interna del Espíritu Santo y la presión de las circunstancias".

Esto no quiere decir que los que aspiran a ser grandes líderes se equivoquen en sus aspiraciones. La constante necesidad de comprobar la motivación y el método en nuestro liderazgo es esencial, al igual que la obligación de rendir cuentas. El rey Saúl falló en este aspecto clave: dejó de rendir cuentas a Dios. Como advierte Yoder (2015), "Los líderes que dejan de mantenerse abiertos a Dios, viven en el engaño de que pueden funcionar con sus propios dones, poder y posición". Debemos mejorar en el reconocimiento de que los líderes que encontramos –a los que podríamos aspirar a imitar– son tan humanos y susceptibles de fracasar como nosotros. La autorreflexión, la apertura mental y la responsabilidad son algunos de los mayores dones que puede poseer un líder. Más adelante profundizaremos en este aspecto.

> "A los pastores se les pone en pedestales y se les hace cumplir con expectativas poco realistas" (*O&H*).

A los que pertenecemos al mundo cristiano se nos enseña a respetar a nuestros líderes. Sin embargo, como sugiere Roberts (2011), debemos tener cuidado de no ponerlos en pedestales y centrarnos demasiado en ellos, no sea que caigan en la tentación de fomentar esta adulación y nos lleven por el mal camino a través de su propia fragilidad. Entonces, ¿dónde nos deja esto?, ¿cómo sabemos cuáles son las características de un líder bueno, sano y auténtico al que podemos seguir con seguridad?

¿Amigo o enemigo?

Es cierto que no siempre es fácil identificar a las personas que no serán buenas para nosotros o que pueden querer causarnos daño. En los años que llevo trabajando en el ámbito de la protección de niños y adultos –afirma Justin–, siempre suelo decir que, si los agresores tuvieran algún tipo de marca obvia que los identificara como peligrosos, la tarea de mantener nuestros entornos más seguros sería mucho más fácil. Esto no es menos cierto en este caso. Sin embargo, debemos reconocer que hemos claramente comprobado que no todos los abusos espirituales se perpetran a sabiendas o de manera intencionada, al igual que otras formas de abuso. En otras ocasiones, parece que la intención es claramente un factor, o al menos los métodos empleados son muy intencionados y forman parte del *modus operandi* de los perpetradores. Entonces, ¿cómo identificar quién es amigo y quién es enemigo? El siguiente ejemplo está tomado de uno de los primeros casos de abuso espiritual en los que trabajé.

Un ejemplo: la comunidad cristiana herida

La iglesia, en todos sus aspectos, se veía floreciente para el mundo exterior. Estaba situada en un área suburbana de una ciudad regional clave en el Reino Unido y muy involucrada en una serie de actividades de apoyo a la comunidad: un banco de alimentos, un área de juego y descanso para padres y niños pequeños, un servicio de asesoramiento, un proyecto misionero que apoyaba a niños vulnerables en África y una boyante asistencia dominical a la iglesia, entre otros logros.

El líder principal era también un magistrado de alto rango y un exdirector de escuela que había sido el mentor y el apoyo de otros directores de colegios en toda la zona. Era un personaje respetado, fuerte, basado en la Biblia, claro y "directo" en su enseñanza. Parecía una iglesia que estaba haciendo todas las cosas bien, hasta que un día, todo se empezó a desmoronar.

Recibí una llamada de las autoridades locales que habían recibido una denuncia de abuso que afectaba a un joven de la comunidad cristiana por parte del pastor de jóvenes. Como en muchos otros casos, se pidió a *Thirtyone:eight* que asistiera a una reunión de gestión de acusaciones. En el encuentro participarían diversos profesionales, incluidos trabajadores sociales y la policía, y me pidieron que asistiera para asesorar sobre el contexto eclesiástico de las acusaciones. Pronto la autoridad local y la comisión de obras de beneficencia nos pidió que lleváramos a cabo una investigación para identificar los problemas que estaban surgiendo en la iglesia. Estaba claro que era necesario un proceso penal en relación con las acusaciones de abuso infantil, causa que fue dirigida por los organismos oficiales. Lo que puso de manifiesto la investigación paralela sobre la iglesia fue que una cultura de abuso espiritual profundamente arraigada –impulsada por el líder principal– había sentado las bases para que se afianzaran todo tipo de problemas.

Esta iglesia exitosa, centrada en la comunidad y dirigida por este personaje grandioso y tan respetado en su momento, había tenido que lidiar con un nivel de coerción, control y liderazgo dictatorial en un grado muy perjudicial. La percepción externa de la Iglesia y su líder distaba mucho de la realidad. La feligresía cayó en una completa confusión. El pastor de jóvenes fue acusado y condenado. El líder principal dimitió, abandonó la iglesia para fundar otra no muy lejana, y se llevó consigo a algunos de sus fieles seguidores. La iglesia entró en un período de deconstrucción y reparación que duraría años. Estaban heridos, traumatizados y buscaban desesperadamente una nueva dirección y una guía segura. Habían estado siguiendo a un líder que había abusado de su posición de confianza hasta tal punto que muchos ya no sabían lo que estaba bien o mal. El pastor siempre respaldaba sus actitudes, creencias y comportamientos con las Escrituras: siempre tenía una razón sólida que explicaba por qué había que seguirle y obedecerle. También podía justificar con la Biblia cualquier consecuencia que pudiera haber si alguien se le oponía o discrepaba en algún grado con él.

Carisma y servidumbre

No estoy diciendo -afirma Justin– que tengamos que evitar a los líderes carismáticos o que no hay que confiar en ellos, ni mucho menos. Ya sugerí que la pasión puede ser un elemento de atracción clave para que cualquier líder gane adeptos, pero hay algunos riesgos inherentes a tales individuos. En este caso, hubo una completa perversión de lo que se entiende por "liderazgo de servicio". El líder principal operaba sin el concepto de lo que significa proporcionar un entorno seguro, abierto y libre en el que podría haber modelado el verdadero servicio. En lugar de servir a su comunidad cristiana con su liderazgo, dominaba y dictaba sus propias intenciones. Tal y como afirmó elocuentemente Oswald Sanders –en su texto seminal sobre el liderazgo espiritual– el líder no había reconocido que primero debía convertirse en un servidor de los demás; solo entonces podía esperar que su comunidad cristiana confiara en él y le siguiera:

"La verdadera grandeza, el verdadero liderazgo, se encuentra en la entrega de uno mismo al servicio de los demás, no en convencer o inducir a los demás a servirte" (Sanders 2007, p. 13).

Este sentido de "servicio" –que es un resultado tangible de nuestros intentos de seguir al mejor líder, tal vez reticente, que jamás haya pisado la tierra: Jesucristo– debería ir de la mano de nuestro deseo como líderes de ser auténticos en todos los aspectos de nuestras vidas. La autenticidad puede describirse de diversas maneras, pero Washatka (2013) sugiere que es más que un simple código moral. Implica un nivel de altruismo que se traduce en una consideración compasiva hacia las personas. Por su propia naturaleza, la compasión es incapaz de causar daño: los dos son polos opuestos y no pueden coexistir. Si compasión significa prestar la debida atención a las necesidades y las luchas de los demás, lo contrario es egoísmo, y poner las propias necesidades por sobre las de los demás. Ambas son fuerzas poderosas en sí mismas. Ponernos al servicio de los demás desarma el poder que podríamos usar inadvertidamente para dañar a aquellos a quienes se nos ha confiado liderar. En su libro *The Heart of Christian Leadership*, Byler (2014) señala que el error que a menudo cometen los líderes es que asumen erróneamente que una posición o un título les da derecho a mandar a los demás en lugar de estar en sumisión a ellos, o actuar de manera servicial hacia ellos. Por supuesto, esto presenta otros desafíos que hay que considerar como ya hemos dicho. El abuso espiritual puede ser experimentado por los líderes, o puede ser perpetrado por ellos. Sin embargo, se nos advierte que como guías debemos ser cuidadosos con respecto a las formas en que usamos nuestro poder en las vidas de los demás, como Houston (2015, p. 54) describe con claridad:

"Nunca debemos subestimar el poder que tenemos sobre los demás, especialmente el poder de nuestras decisiones de liderazgo sobre aquellos que buscan nuestra dirección o apoyo".

Poder y cultura

Hay que ser conscientes del poder que tienen los líderes. El verdadero liderazgo conlleva una cuota de autoridad, responsabilidad y poder. Junto a estos indicadores más tangibles de liderazgo hay algo que quizá sea menos fácil de ver: la influencia. Ella puede ejercerse de forma mucho más sutil y no requiere necesariamente de un cargo o un tiempo particular. Sin embargo, el liderazgo puede ejercerse desde una posición en la base. Por eso, probablemente sería más acertado decir que todos tenemos el potencial de ser líderes, independientemente de que ocupemos o no un cargo público formal. Es fundamental tener esto en cuenta cuando exploramos el liderazgo en este contexto. Utilizar la autoridad, la responsabilidad, el poder y la influencia para el bien puede ser muy beneficioso para las organizaciones, los equipos y los grupos que dirigimos, así como para los que forman parte del camino, nuestros seguidores. Formar parte de algo más grande que nosotros mismos, que sea positivo y fomente el florecimiento humano es lo que todos deseamos. Fundamentalmente, como seres humanos, anhelamos la conexión y el significado.

Desgraciadamente, para algunos, la búsqueda de la pertenencia puede hacerles perder de vista el sutil surgimiento de actitudes erróneas y egoístas. Tales actitudes pueden facilitar las malas y –a veces– dañinas prácticas que emplean algunos líderes. Cordeiro (2010, p. 31) se refiere a esto como "la visión inicialmente sesgada de la vida que puede ser indetectable o benigna al principio, pero que se vuelve cada vez más corrosiva a medida que pasa el tiempo". Byler (2014, p. 14) capta bien las consecuencias cuando el uso del poder no va de la mano de un buen carácter. Como guías cristianos podemos encontrarnos deseando y acumulando poder como un fin en sí mismo, lo que simplemente refuerza la percepción que muchos tienen ya de los líderes:

> "La gente de todo el mundo pide a gritos líderes con buen carácter. El panorama mundial está plagado de líderes que han dedicado su vida a acumular poder y riqueza para sí mismos a cualquier precio".

Como todos sabemos, el poder está en el centro de los abusos y atrocidades de todo tipo. En muchos casos, primero se produce un abuso de posición, de relación o de confianza, seguido rápidamente por el abuso de poder dentro de esa relación. Esto suele manifestarse de diversas maneras, entre las que se incluyen el engaño, la manipulación, la coacción y el control. El poder es algo extraño, tiene la capacidad de hacer o deshacer lo mejor de nosotros. La forma en que lo usamos se convertirá posiblemente en uno de los indicadores críticos de cómo se nos recordará cuando pasemos a mejor vida. ¿Lo compartimos? ¿Lo utilizamos bien? ¿Qué diferencia marcamos con él? ¿Lo hemos ejercido adecuadamente en nombre de los demás? Saber cuándo ceder nuestro poder en lugar de ejercerlo será uno de los mayores desafíos que enfrenten los líderes de hoy en cualquier entorno; y según Murphy (2017) no comprender esto puede, en el mejor de los casos, hacer que nunca se alcance el máximo potencial de liderazgo.

> "La persona de mayor rango en la organización es clave para ayudar a crear la cultura... en la que se respetan los principios de amor y servicio de Jesús" (*O&H*).

Junto a la forma de utilizar o compartir el poder como líderes está la importancia de cómo establecemos y mantenemos la cultura de nuestras organizaciones. La forma en que se utiliza el poder dentro de esa cultura es igualmente crítica. En su excelente y práctica investigación sobre el liderazgo y la cultura, Finzel (1998) reconoce la importancia de lograr una buena cultura. Tanto si dirigimos una iglesia, una empresa o una organización benéfica, es el líder quien establece el tono, la cultura, los valores y los métodos de trabajo que fomentan el florecimiento y la participación, o que provoca la pérdida de autonomía y la dominación. Nuestra investigación de 2017 destaca la preocupación que muchos tienen respecto a la naturaleza de la cultura organizacional y el papel de los líderes en esta área para perpetrar, o para prevenir, el abuso espiritual.

> "El abuso espiritual puede ser ejercido por una o más personas. Es posible que prospere en la cultura de una iglesia por medio de los comportamientos y de las estructuras de autoridad existentes" (*O&H*).

La forma en que cultivamos la cultura institucional, y utilizamos el poder y la autoridad son indicadores clave de nuestro carácter y demuestra si estamos centrados en nosotros mismos como líderes o en nuestra gente como compañeros y seguidores.

El carácter como ingrediente activo

Por lo tanto, parece que, para lograr un liderazgo auténtico como método para reducir la probabilidad de abuso espiritual, el carácter es de suma importancia. Como recuerda Hayford (1997, p. 66), de su propia experiencia, la propensión y vulnerabilidad humana hacia el mal y la capacidad de autoengaño deben ser constantemente vigiladas y consideradas:

> "Ninguno de nosotros debería considerarse nunca liberado de la responsabilidad de cultivar los principios que aseguren que nuestro liderazgo esté marcado por la búsqueda diaria de un carácter semejante al de Cristo".

Este es un gran reto para el líder que aspira a tener un carácter semejante al de Cristo, pero es esencial y, en sí mismo, es un ingrediente activo en la búsqueda de un buen carácter y un liderazgo seguro y sano. Pero, ¿qué es lo que buscamos ver en un líder –en su presentación interna y externa– para que nos otorgue confianza de que es auténtico en su enfoque?

A mí –cuenta Justin– me encanta cocinar como una forma de liberarme del estrés y de hacer algo para que disfruten los demás. En toda buena receta hay una serie de ingredientes diseñados para crear la mezcla perfecta de sabor, textura y presentación. Pero una vez que nos metemos en la cocina, podemos sentirnos tentados a reducir las cantidades de algunos de los ingredientes o a omitir algunos por completo en un intento de economizar, alterar sutilmente el sabor o ampliar los límites de nuestra creatividad. A menos que seamos expertos culinarios, corremos el riesgo de ejercer un nivel de arrogancia o desprecio deliberado por las consecuencias al pensar que sabemos más. El problema es que el producto final nunca es lo que se pretendía: probablemente no ha alcanzado su potencial. Lo mismo ocurre con el carácter y el liderazgo. Permítanme explicar...

Si el buen carácter reduce el riesgo de que un líder se desvíe hacia un plano espiritualmente abusivo, y se demuestra a través de la práctica de la autenticidad, entonces entender esta característica podría ayudarnos a ver el papel que tienen los líderes para reducir sus comportamientos potencialmente dañinos. Para ello, necesitamos tener una idea de los ingredientes que componen la autenticidad, vistos a través del lente del liderazgo eficaz. En su trabajo sobre el corazón del liderazgo cristiano, Byler (2014) utiliza una sencilla ilustración de un banco de tres patas para describir lo que él cree que son los ingredientes esenciales para la autenticidad y el liderazgo eficaz (véase la figura 6.1). Las patas representan el carácter, los conocimientos y las habilidades de liderazgo, todos ellos necesarios para que el banco sea estable y constituya una base firme para asentar nuestras actividades de liderazgo. En los primeros párrafos de este capítulo, planteé la idea de escribir una lista de líderes que nos inspiran. También sugerí que una de las razones clave por las que podríamos incluirlos en la lista era la pasión que sienten por sus respectivos campos. En estrecha relación con esta pasión está el carácter que muestran al comunicar y presentar la visión, los valores y las actitudes que sustentan esa pasión. Byler (2014) sugiere que es la manifestación externa del carácter lo que nos atrae en algunos líderes y nos produce rechazo en otros.

Si es correcto asumir que la capacidad de un líder para conectar con sus seguidores es fundamental para el éxito de su liderazgo, entonces el carácter es quizás el más importante de todos, para acertar a la primera. De hecho, Munroe (1993) dice que "la calidad de tu carácter *es* la medida de la eficacia de tu liderazgo" (la cursiva la agregué yo para enfatizar). La buena noticia es que el buen carácter puede desarrollarse (o cambiarse desde un carácter malo) tanto como el conocimiento y las habilidades. Sin embargo, esto puede ser más difícil de lograr cuanta más edad tiene la persona, y más tiempo haya mantenido ciertos rasgos de carácter.

6.1. El corazón del liderazgo cristiano

La autenticidad en práctica

La búsqueda de la autenticidad debe fomentarse, ya que al lograr una mayor comprensión de ésta, habrá menos espacio para que, en nuestra práctica de liderazgo, florezcan actitudes, creencias y comportamientos humanos negativos (como los espiritualmente abusivos). Pero, ¿cómo lo hacemos? John C. Reynolds (2013), exdirector global de información de *World Vision International*, señala en su introducción al tema que la búsqueda de la autenticidad es un proceso de transformación, pero que "no es una etiqueta que creamos para nosotros mismos, sino que es un juicio subjetivo que hacen los demás". Además, considera que el liderazgo auténtico tiene algunos elementos específicos que lo hacen único y que ofrecen algo particular a nuestro enfoque sobre los comportamientos espirituales abusivos:

> "Esta etiqueta de 'líder auténtico' va más allá de la comprensión del líder que se transforma para incluir los atributos de transparencia, equilibrio de poder en la tensión entre el título y el proceso, que hace lo correcto éticamente y que muestra una genuina coherencia entre el líder que es y cómo se comporta".

Profundicemos en esta esclarecedora cita por un momento. La transparencia y el equilibrio de poder son dos cuestiones críticas que supondrán un verdadero reto para cualquiera que, en cualquier forma, sea abusivo en sus comportamientos. La verdadera transparencia (o ser abierto y responsable) no puede coexistir con la intención de aprovecharse de otra persona con fines egoístas o de satisfacción. Del mismo modo, tener cuidado con el equilibrio de poder en nuestra práctica de líderes limitará la capacidad de dañar a los demás, intencionadamente o no. La última parte de esta cita indica el elemento transaccional de lo que hacemos con lo que conocemos de nosotros mismos como personas. El objetivo es que conozcamos lo más profundo de nosotros mismos, lo bueno, lo malo y lo feo, y que tengamos la capacidad de autorregularnos para que lo que la gente vea de nosotros sea lo que realmente somos: "Sé fiel a ti mismo", en palabras de Polonio, en *Hamlet* de William Shakespeare.

Se trata de un concepto interesante que puede llevarnos a un lugar de autodescubrimiento y conciencia. El deseo de sondear las profundidades de nuestra humanidad para hacer que lo mejor y lo peor de nosotros mismos se abra al desafío y al cambio, no es una idea nueva. Volviendo al personaje del rey David en el Antiguo Testamento, vemos que este es el mismo proceso en el que entró cuando le dijo Yahveh "tú me escrutas y conoces" (Salmos, 139). El deseo de David de ser conocido era un esfuerzo por rendir cuentas a Dios, pero también para que Dios le guiara en todos los aspectos de su persona, de manera que pudiera servirle mejor. Como ya se ha dicho en este capítulo, el liderazgo consiste en servir a los demás con los dones que se nos han dado para que ellos puedan desarrollarse. Margaret Bailey (2013) reflexiona en su comentario sobre el autoconocimiento y los beneficios de "conocerse a sí mismo":

> "El líder auténtico se basa en un análisis honesto y realista que demuestra la confianza y el compromiso de servir y empoderar a los demás para tener éxito. El guía que se conoce a sí mismo ve su vocación como una expresión de sus talentos y dones de una manera que retribuye a Dios, a la familia y a la comunidad, y no de una manera que promociona sus propios intereses".

Una vez más, y para que se analice un componente específico, es claro el riesgo de la motivación y el comportamiento centrados en sí mismo. Hay que evitar a los líderes de temperamento narcisista. Si resulta evidente que la posición de liderazgo se utiliza como un mecanismo de autoservicio para acentuar el *ego* o para reforzar la necesidad de sentirse importante, en lugar de beneficiar a los demás, nos encontramos ante un problema de distorsión, tal y como lo describe maravillosamente Stephen Covey (1992, p. 58). En su explicación del "liderazgo centrado en los principios", plantea que, en esencia, no hemos logrado conocer nuestro verdadero yo:

> "Si la visión que tenemos de nosotros mismos proviene del espejo social, de las opiniones, percepciones y paradigmas de la gente que nos rodea, nuestra visión de nosotros mismos es como el reflejo en el laberinto de espejos en el parque de diversiones".

Atreverse a reflexionar sobre sí mismo

Como se ha dicho anteriormente, el proceso de estar dispuestos a examinarnos como líderes en la búsqueda de alcanzar una posición de autenticidad puede ser iluminador. No obstante la analogía de Covey sobre el "laberinto de espejos", en esta búsqueda, también debemos estar dispuestos a escuchar los comentarios y los cuestionamientos de nuestros seguidores. Esto es útil solamente cuando, a partir de nuestra propia reflexión, tenemos una idea razonable de quiénes somos, cómo funcionamos y si este yo interior es coherente con la persona que mostramos a los demás. Barrington y Luetchford (2019, p. 63) hacen esta misma observación en su reciente estudio sobre los líderes *millennial:* "La integridad y la autenticidad suponen que tú ya sabes quién eres, cuando la exhibición externa de tus acciones coincide con tu verdadera identidad". Este nivel de autoconocimiento proviene de la autorreflexión, junto con la autorregulación, lo que ofrece una oportunidad clave en nuestra búsqueda de una mayor inteligencia emocional. La búsqueda del conocimiento de uno mismo encierra un gran poder, que debería contrarrestar el potencial de caer en prácticas malas o abusivas que perjudican a nuestros seguidores. La respetada *coach* de talento ejecutivo y liderazgo, Beth Miller (2013), describe la incapacidad de dedicar tiempo en la autorreflexión como una opción dañina desviada:

> "Cuando no te tomas el tiempo para reflexionar sobre ti mismo, estás diciendo que eres perfecto como líder y que ya no necesitas desarrollarte y crecer. Esto no solo te perjudica a ti y a tu carrera, sino que también decepcionas a tu equipo".

Ninguno de nosotros puede reclamar la perfección, ese honor pertenece a una sola persona: Jesucristo. Por lo tanto, debemos estar preparados para profundizar en nosotros mismos e invertir tiempo en nuestro propio desarrollo como líderes, por el bien de aquellos que lideramos. Atrevernos a ser auto-reflexivos y honestos con nosotros mismos y con los demás es, por lo tanto, el desafío de este capítulo para buscar la autenticidad en nuestro liderazgo. Si lo conseguimos, tendremos más posibilidades de seguir siendo auténticos, humildes y lúcidos. Esto no siempre será fácil, de hecho, en ocasiones puede ser muy desafiante para nosotros. A veces, cuando le hayamos dedicado tiempo a esto, vamos a encontrar cosas enterradas en lo más profundo (o quizás no tan profundo) que preferiríamos que permanecieran allí y fuera de nuestro alcance. Un indicador de nuestra madurez e inteligencia emocional será nuestra disposición a enfrentar las situaciones difíciles que podemos haber arrastrado durante años, incluso desde la infancia, y que tienen un impacto negativo en nuestra capacidad de conducir bien. McIntosh y Rima (1997) lo describen como el "lado oscuro del liderazgo":

> "La clave que determinará nuestro éxito o trágico fracaso es el grado en que conocemos nuestro lado oscuro y levantamos las defensas que impiden que se desborde y pisotee nuestra capacidad de liderar eficazmente".

La clave de nuestro éxito y de encontrar autenticidad está estrictamente relacionada con nuestra capacidad para enfrentarnos a los aspectos de nuestro carácter que pueden descontrolarse y llevarnos, a nosotros y a los que lideramos, a causar daño y fracasar.

Para concluir este capítulo, el mensaje para los que lideramos (Tito 1,8), es que mantener la mirada centrada en lo que es bueno nos da la esperanza de que podemos crear culturas y entornos más sanos y seguros a través del ejemplo que damos. Volviendo a las reflexiones de Marcus Buckingham al principio de este capítulo, si nos centramos en la búsqueda de lo que funciona bien y es positivo, podemos identificar y resistir los aspectos de liderazgo egoísta que son perjudiciales para nuestra gente.

7

Crear culturas más seguras y entornos más sanos

"Nací y crecí en esta cultura, como parte de la comunidad eclesiástica... Dios ha tenido que hacer una obra muy poderosa para deshacer el daño causado por el abuso espiritual, que estaba presente desde la cima del liderazgo de la Iglesia hasta los niveles bajos" (O&H).

Una posición elevada

Volviendo a la última historia del laberinto, descrita al principio del capítulo 6, si te acuerdas, parecía que había una cosa que ocurría casi automáticamente en el comportamiento de las personas que llegaban al centro: miraban el laberinto desde un lugar elevado y, según lo que podían ver, trataban de ayudar a los demás. Gritaban instrucciones a sus compañeros, sobre cómo evitar los callejones sin salida y los caminos en círculo dentro del laberinto. Ansiaban reunirse con sus amigos. Se escuchaban gritos de celebración cuando los compañeros de equipo lograban subir los escalones hasta el mirador. Igualmente, se oían gritos de frustración y decepción de los que seguían observando y guiando a sus compañeros perdidos que vagaban sin encontrar el camino.

De esto trata el siguiente capítulo. Intentaremos empezar a responder algunas de estas preguntas: ¿cómo crear culturas que se ayuden, se apoyen y alienten mutuamente a recorrer el camino a través del laberinto y salir? ¿Qué características tiene este entorno sano y cómo las comunicamos a quienes nos rodean?

Whose line is it anyway?

¿Recuerdas el popular show de improvisación *Whose Line Is It Anyway?* que se emitió por televisión en el Reino Unido y los Estados Unidos entre los años 80 y principios de los 2000? En este programa humorístico cuatro actores tenían que improvisar un personaje, un tema o un escenario que se les sugería en ese mismo instante. ¡Me hacía reír mucho!, recuerda Justin. Los cuatro comediantes se paraban en parejas uno frente al otro, y sobre la base de un tema sugerido tenían que rápidamente lanzarse a representar una escena cómica. En el programa, había ocasiones en que varios se lanzaban al mismo tiempo, y tenían que definir cuál de ellos daría paso al otro para actuar y ganar el punto. En otras, cuando el tema era un poco más difícil o abstracto, se producía una pausa tensa en la que ninguno hablaba y todos se miraban nerviosos, esperando a ver quién se lanzaba a interpretar el tema. Esto refleja cómo se desarrollan a veces las cosas cuando tenemos que abordar cuestiones difíciles en nuestras iglesias u organizaciones. Nos quedamos callados esperando que nuestro líder nos ofrezca una solución, independientemente de lo bien preparado que esté para hacerlo.

> "Los líderes de la Iglesia son tan humanos y frágiles como sus feligreses, y deben estar abiertos a su propia vulnerabilidad, en lugar de sentir que tienen o deberían tener todas las respuestas" (*O&H*).

Existe un peligro real de que en nuestras iglesias y organizaciones busquemos a nuestros líderes para todo. Esperamos que sean los primeros en hablar sobre un tema de actualidad, que proporcionen las primeras perlas de sabiduría y que tengan las respuestas a las preguntas difíciles. Hay múltiples problemas en estas suposiciones que tenemos sobre nuestros líderes. Tal vez el primero y más importante sea que desestimamos nuestro poder y devaluamos la contribución a la vida y desarrollo de la Iglesia. Este capítulo continúa lo que hemos escrito sobre el liderazgo. No hace falta ser Einstein para averiguar por qué. El papel del liderazgo para establecer y mantener una cultura organizativa es fundamental para la dirección que tome. Sin embargo, nunca debemos caer en la trampa de creer que los líderes tienen los derechos exclusivos sobre cómo son y se perciben nuestras culturas. ¿Qué queremos decir con esto? Si ellos no están dispuestos a impulsar la búsqueda de una cultura más segura y sana, ciertamente tenemos un problema. Pero si no involucran a sus equipos y asambleas en la identificación de cómo debe ser y percibirse la cultura, habrá menos posibilidades de que los comportamientos de todos reflejen los valores que sustentan la cultura que intentamos integrar. Por tanto, la búsqueda de una cultura más segura y sana es un verdadero esfuerzo de equipo, tanto en lo que respecta a la forma de identificarla como a la de mantenerla. De hecho, si los líderes no incluyeran a sus equipos o asambleas en el desarrollo de la cultura, no estarían entendiendo el punto, ya que en muchos sentidos nosotros, los miembros de los equipos y las asambleas, somos la cultura. La cultura existe porque estamos reunidos en comunidad. Por tanto, es una fuerza dinámica que tiene el poder de unir a las personas de todos los ámbitos de la vida en un conjunto común de valores y comportamientos.

Pero, ¿qué es la cultura?

Es la pregunta que muchos de nosotros desearíamos que nunca nos hicieran. ¿Cómo definir lo intangible de forma comprensible? Para quienes estudian la interacción y los comportamientos humanos desde diferentes perspectivas, la definición de cultura puede ser tan amplia como extensa. Los académicos han tratado de precisarla durante décadas, si no siglos. Un estudio de Helen Spencer-Oatey (2012), que buscaba comprender las diferentes definiciones de cultura, citaba trabajos anteriores que habían identificado 164 definiciones diferentes ya en 1952. Estas definiciones van desde las que analizan los elementos del nivel individual al universal, hasta las que sugieren que la cultura es creada por el comportamiento individual, como sugerimos antes, en lugar de que el comportamiento está influenciado por la cultura. Todas son perspectivas igualmente válidas.

Está claro que la cultura es un conjunto fluido y dinámico de elementos tangibles y menos tangibles que afectan nuestras interacciones cotidianas dentro de los grupos y comunidades de los que formamos parte. Como es fluida, debemos evaluarla y revisarla constantemente. Cuando los miembros de cualquier grupo cambian, la dinámica interrelacional cambia. Pueden surgir nuevas experiencias, actitudes, valores y comportamientos que desvíen, distraigan o diluyan la cultura que intentamos mantener. También es importante que, en una situación en la que intentamos reconstruir una cultura que ha sido abusiva o tóxica, estemos atentos a la necesidad de enfrentar cualquier comportamiento antiguo que pueda resurgir. He trabajado con muchas iglesias y organizaciones que buscan mejorar aquellas instancias donde ha habido dificultades en el pasado –recuerda Justin–, y a pesar de cambiar la ubicación, el personal y las prácticas, los signos de la "vieja cultura" tienden a reaparecer y amenazan con descarrilar el progreso.

> "Sigo en la iglesia y continúo presionando para que se produzcan cambios donde veo que siguen existiendo elementos de una cultura dañina" (*O&H*).

Por supuesto, lo contrario también es cierto. Al revisar continuamente el funcionamiento de nuestra cultura y nuestros valores, también podemos identificar nuevos factores que pueden haber entrado en el marco que ilustran la cultura que intentamos mantener. Por lo tanto, asumirlos e incorporarlos como elementos que apuntalan una cultura más segura y sana, es sumamente importante. Así pues, independientemente de cómo la entendamos, es esencial que comprendamos que no existimos de forma aislada, interactuamos con los demás, vivimos en un mundo que tiene una gran variedad de creencias y actitudes. Nuestra capacidad para identificar los elementos que queremos junto a los que no queremos es fundamental, al igual que la forma en que llevamos a cabo este proceso, para que seamos respetuosos y abiertos a la diferencia.

Buscar oro:
¿qué aspecto tiene una cultura segura y sana?

Esta es la pregunta del millón. Ojalá responderla fuera tan fácil como tener una respuesta rápida al estilo de *Whose Line Is It Anyway?* Si reflexionamos sobre el enfoque, basado en el trabajo de Marcus Buckingham –que adoptamos en el último capítulo– tenemos que ser capaces de identificar exactamente qué es lo que estamos tratando de crear y qué pensamos que es bueno e importante. Cuando rememoro las cosas más divertidas que hice durante mis años de escuela –relata Justin–, me acuerdo del día que pasé con un equipo creativo que vino a mi escuela primaria para enseñarnos todo sobre la vida de los colonos y los buscadores de oro, en la fiebre del oro de principios del siglo XIX, en Estados Unidos. Aprendimos todo lo que había que saber sobre los lotes de terreno, el cribado de oro y cómo se hacía. Incluso, probamos cribar, aunque no con metal verdadero. Identificar lo bueno de las situaciones puede ser similar a la experiencia de los colonos. Probablemente tengamos que dedicar mucho tiempo a rebuscar entre las cosas ordinarias, mundanas y no deseadas para encontrar las pocas pepitas brillantes que se hunden en el fondo, que serán descubiertas cuando se remueve el agua sucia. En otras palabras, identificar lo que queremos conservar y que representa la cultura que queremos crear, replicar o mantener, puede ser un proceso minucioso. En la medida que estemos dispuestos a tomarnos el tiempo necesario, los resultados pueden ser potentes y proporcionarán la base para culturas más sanas en el futuro.

Gran parte de lo que diremos en este capítulo no es nuevo. Muchas de las ideas provienen de otras áreas y de diferentes disciplinas. Parte de lo que nos enseñan es poderosamente transferible al contexto de culturas más seguras y sanas. En su popular *podcast* sobre liderazgo, el líder religioso y comentarista Andy Stanley (2013) analiza cómo definir nuestra cultura organizativa. Sugiere que antes de ser capaces de definir lo que queremos que sea, debemos identificar lo que es actualmente. Para ello, Stanley cree que debemos centrarnos en los comportamientos que vemos dentro de nuestras iglesias u organizaciones. A partir de eso, podemos deducir cuáles representan la cultura que ya tenemos, para identificar los comportamientos que queremos desarrollar, es decir, aquellos que reflejan los valores que sustentan las culturas que deseamos. En este contexto, nos centramos en lo que es "seguro" y "sano".

> "Este ha sido un gran problema dentro de nuestra iglesia en el pasado y siguen existiendo focos de 'normas' culturales perjudiciales. El reto es ayudar a la gente a enfrentarse a esto de una manera comprensiva y positiva, que lleve a la sanación y no a un mayor miedo y confusión" (*O&H*).

Obviamente, esto significa que tendremos que pasar por un proceso de identificación de lo que es bueno y lo que es malo, y estar preparados para desechar lo que no se quiere. Se trata de una labor muy importante, ya que da forma a todo lo que sigue en la tarea. Si no sabemos qué comportamientos queremos fomentar y cuáles amenazan nuestra cultura, estaremos mal preparados y tendremos menos confianza para enfrentar los que surjan más adelante y que entren en conflicto con lo acordado. Aquí es donde muchos se han quedado atascados al intentar enfrentarse y evaluar una serie de comportamientos que pueden ser espiritualmente abusivos. Si no se sabe qué comportamientos se consideran inaceptables (y contrarios a nuestra cultura) y no se comprende su impacto en los demás, resulta cada vez más difícil ser claro y tener confianza en cómo cuantificar los problemas en cuestión y tratarlos de forma adecuada y delicada. Por lo tanto, debemos comprender qué es "más seguro" y "más sano" y qué, en la práctica, amenaza con socavar lo más seguro y sano.

Ver la cultura organizativa a través de nuevos lentes

El comportamiento es una fuerza poderosa, tanto en términos de lo que se puede lograr –para bien o para mal– como la forma en que se puede utilizar como un predictor razonablemente bueno de lo que está por venir. La frase "el mejor predictor del comportamiento futuro es el comportamiento pasado" puede resultar familiar a muchos y, en cierto modo, es válida y puede aplicarse en este contexto. Sin embargo, hay que ser cautelosos, ya que para aquellos que creemos en la naturaleza transformadora de Dios en nuestras vidas, corremos el riesgo de negar la capacidad de una persona para mejorar. Por supuesto, incluso esta premisa tiene sus limitaciones cuando se trata de comportamientos arraigados y profundos, especialmente los que son de naturaleza adictiva y criminal, que han existido durante muchos años. De manera similar al desafío de cambiar los rasgos de carácter después de muchos años, los psicólogos te dirán que este cambio de comportamiento a largo plazo requiere un apoyo mucho más intenso y decidido. Se pueden conseguir resultados, incluso en algunos de los escenarios más desafiantes, pero se necesita mucho trabajo por parte de la persona y de quienes la apoyan. Entonces, ¿qué aprendemos de todo esto? El comportamiento es un fuerte indicador de la cultura, y se pone de manifiesto en muchos aspectos de las culturas de las organizaciones en las que operamos. Al tratar de adoptar una visión amplia del desarrollo de las culturas y los entornos, puede ser útil explorarlas a través de los nuevos lentes de lo que es "más seguro" y "más sano".

7.1 Mapa de una cultura segura y sana

Ritual y rutina: Las actividades y comportamientos cotidianos que se aceptan en la iglesia o agrupación. ¿Son esos comportamientos un modelo de práctica segura y reflejan la importancia de las actitudes y creencias sanas para todos?

Sistemas de control: La forma en que se controla y gobierna la Iglesia o agrupación. ¿Qué es lo más importante y qué atención recibe una cultura segura y sana, además del seguimiento de la estrategia, la misión y la visión?

Estructuras organizativas: Las estructuras escritas y no escritas, las líneas jerárquicas y las responsabilidades existentes. ¿Cómo se valora a las personas y cómo se cuestionan y deconstruyen las normas "no oficiales" o tácitas para evitar el desarrollo de subculturas?

Historias y comentarios: Los acontecimientos y experiencias pasadas de los que habla la gente cuando se refiere a la organización y a su funcionamiento (por ejemplo, cómo la iglesia manejó anteriormente una denuncia de abuso desde adentro).

Simbolismo y mensajes: La identidad visual de la Iglesia o agrupación y los mensajes que trans-mite en relación con sus valores, cultura, misión y visión (por ejemplo, cómo se comunica que la Iglesia es un "lugar seguro").

Dinámica del poder: ¿Dónde está el poder formal e informal dentro de la Iglesia o agrupación? ¿Cuál es el papel del liderazgo en relación con la toma de decisiones? ¿Hasta qué punto el entorno es empoderador e integrador? Por ejemplo, ¿cómo se fomenta la participación y se cuestiona por medio de la voz de las personas?

Identificar los componentes de una cultura segura y sana

Hay muchas maneras de explorar lo que compone una cultura. Queremos que este libro sea accesible y práctico en una serie de contextos. Por ello, pensamos que puede ser útil un marco para identificar y desarrollar una cultura más segura y sana. La figura 7.1 es una adaptación del trabajo de Johnson, Scholes y Whittington y su obra puesta al día sobre valores y cultura, publicada por primera vez en 1988.

En las próximas secciones de este capítulo, exploraremos los distintos componentes de este modelo y ofreceremos algunas explicaciones para ayudar a aplicarlo en el contexto eclesiástico. El modelo fue concebido originalmente para el mundo corporativo, pero si ajustamos el lenguaje y reenfocamos nuestro marco de referencia a la construcción de culturas más seguras y sanas dentro de las iglesias y otros entornos religiosos, hay mucho que podemos aprender de este enfoque. Si integramos este modelo con el aprendizaje del trabajo realizado por Oakley y Kinmond (2013) que aborda las características del comportamiento espiritualmente abusivo y algunas prácticas preventivas, tenemos una base útil para comenzar. En su trabajo anterior, Oakley y Kinmond sugieren el acrónimo *ESAFT* que puede utilizarse para enmarcar un enfoque preventivo del abuso espiritual[10]:

---

10. Cf. *Practice Guide: Understanding Spiritual Abuse*, en *Thirtyone:eight*.

Empoderamiento: Es fundamental que alentemos a los individuos dentro de los contextos espirituales a desarrollar su autonomía. Esto significa que los contextos espirituales sanos animan a las personas a desarrollarse como individuos que pueden pensar por sí mismos y que son capaces de expresar su desacuerdo o preocupación.

Supervisión: Muchos lugares de culto no cuentan con una supervisión regular ni con el apoyo de quienes desempeñan funciones de liderazgo remuneradas o no remuneradas. La supervisión debe ser una práctica sana dentro de los contextos espirituales, en la que se puedan discutir los buenos y malos comportamientos.

Apoyo: Es esencial que se desarrolle el apoyo para aquellos que han experimentado el abuso espiritual. Esto puede ayudar a prevenir nuevos casos, ya que las personas comienzan a comprender mejor el abuso espiritual.

Formación: Es importante garantizar que las personas sigan desarrollando y aplicando prácticas más seguras. Una característica de la formación debería ser el trabajo en equipo sano, ya que el liderazgo del equipo parece ser un factor de protección contra el abuso espiritual.

Toma de conciencia: Es necesario aumentar la toma de conciencia sobre el abuso espiritual, ya que todavía se sabe poco. Las personas pueden no ser conscientes del impacto de su comportamiento en otros, o de conductas alternativas. Además, es crucial tomar conciencia sobre las Escrituras y los textos sagrados para que las personas sepan reconocer cuándo se están utilizando para manipular.

Las siguientes secciones utilizan el modelo *ESAFT* en conjunto con el "marco para evaluar la cultura" propuesto por Johnson, Scholes y Whittington (2008). El modelo se centra en seis áreas principales que, en conjunto, proporcionan una visión de la cultura de una organización. Se trata de historias y comentarios, simbolismo y mensajes, dinámicas de poder, estructuras organizativas, sistemas de control y ritual y rutina. Cada sección concluye también con una breve lista de "cinco preguntas clave" que puede ayudar a aplicar el marco a una variedad de entornos religiosos.

Historias y comentarios: El impacto del legado

Todos tenemos un legado con el que debemos trabajar (véase el cuadro 7.2). Para muchas iglesias y organizaciones, este legado estará lleno de cosas buenas que comenta la gente de adentro y de afuera. Para otras, los buenos mensajes pueden verse interrumpidos por acontecimientos que no han sido tan buenos. No es necesariamente la existencia de estos mensajes "no tan buenos" lo que nos da una mayor pista sobre la cultura imperante. La forma en que se aceptan y se habla de ellos internamente tendrá un impacto en la manera en que se consideran externamente. La Iglesia que ha estado en el centro de las acusaciones y revelaciones de abuso en que líderes y otros han reaccionado mal, a menudo responderá de una de dos maneras. O bien opta por reconocer el dolor y el sufrimiento causados y aceptar sus fallas en la manera de tratar estos asuntos, o intenta vivir en un lugar de negación y desviación.

Es muy potente cuando un líder religioso y su equipo asumen una posición de humildad y corrección en tales situaciones. El hecho de que los sobrevivientes sepan que se aceptan y se reconocen esas faltas contribuirá en gran medida a curar las heridas y a sentar bases más firmes para el cambio en el futuro. En 2009 –cuenta Justin–, el líder nacional de una de las principales denominaciones cristianas me pidió que asistiera a una reunión para discutir las preocupaciones que había puesto de manifiesto una víctima de abusos dentro de esa comunidad. Esta reunión fue el catalizador de mi decisión de unirme a CCPAS (hoy *Thirtyone:eight*), al año siguiente. La sobreviviente era Cerys Morgan, a la que desde entonces conozco como una valiente amiga y defensora de la causa de las víctimas de abusos eclesiásticos. En su libro, que se veía venir desde hace tiempo, escribe sobre el reconocimiento y la aceptación del abuso que sufrió a manos de un ex-líder de su iglesia (Morgan, 2010). Cuando finalmente lo publicó, ya se vislumbraba algo del cambio cultural. Los líderes habían cambiado hacía tiempo, ya no eran los mismos que estaban presentes en la época de los abusos. No obstante, estaban dispuestos a aceptar la responsabilidad de garantizar que Cerys recibiera una disculpa formal y a comprometerse a seguir cambiando. Este fue un legado poderoso.

Por el contrario, cuando no es así, los comentarios corren el riesgo de perpetuar el daño tanto al sobreviviente como a la Iglesia en su conjunto al mantener una cultura basada en la negación.

> "Las iglesias del Reino Unido necesitan realmente tomar conciencia del abuso espiritual. También, poner fin a la cultura de la adoración al pastor, o a cualquier ser humano" (*O&H*).

Las iglesias y las organizaciones tienen el poder de intentar cambiar su narrativa y su legado. Al dar a conocer los problemas y desafíos reales que han enfrentado, y al emprender una reflexión y una reparación honestas y significativas, tienen más posibilidades de permitir que los comentarios infundan vida y un impacto positivo en la creación de una cultura más segura y sana.

7.2. Historias y comentarios: las cinco preguntas clave:

1. ¿Son positivas las historias que las personas externas cuentan sobre tu iglesia o agrupación?

2. ¿Son positivas las historias que los miembros internos cuentan sobre tu iglesia o agrupación?

3. ¿Conoces las historias negativas que se podrían estar contando sobre tu iglesia o agrupación?

4. ¿Existe una cultura que acoge las opiniones sobre estas historias y fomenta el debate abierto?

5. ¿Fomenta la cultura la voluntad de actuar con humildad para abordar los problemas y crear una "comunidad de aprendizaje" o un legado positivo?

Simbolismo y mensaje: Practicar lo que se predica

La forma en que comunicamos los mensajes clave es uno de los aspectos más importantes de cómo establecemos la cultura (véase el cuadro

7.3). También es uno de los principales componentes que indican si es probable que causemos daño a los demás con nuestro comportamiento. Una forma de demostrar nuestra apertura y deseo de acoger a los demás es a través de nuestro estilo de comunicación. ¿Cuántas veces hemos tenido que hablar con personas cuyas palabras no siempre están a la altura de sus actos? Cuando nos vemos obligados a indagar para averiguar lo que esas personas realmente piensan y lo que las motiva, corremos el riesgo de recorrer un camino difícil que puede conducir a la desconfianza. La claridad y la transparencia favorecen la rendición de cuentas. Saber que la gente hará lo que dice es muy importante. En las diez normas de prevención desarrolladas a lo largo de muchos años por *Thirtyone:eight*, uno de los primeros criterios que se exhorta a las iglesias y otras organizaciones a explorar es la "conciencia de prevención". No se puede enfatizar lo suficiente la importancia de un mensaje claro sobre la seriedad con la que nos tomamos la necesidad de crear lugares más seguros. Además, debemos asegurarnos de que comunicamos sin excepción nuestro deseo de acoger a todas las personas de forma segura, y de ofrecerles un lugar de protección y seguridad en el que se les valore, se les escuche y se les apoye para que prosperen sin ser juzgados.

> "Debemos establecer la comprensión, dentro de la Iglesia, de cómo es una política y procedimiento de protección eficaz, e instruir a los líderes para que comprendan su papel en el establecimiento de una cultura preventiva" (*O&H*).

Cuando viajo por el país y el mundo –cuenta Justin–, y visito diferentes iglesias y organizaciones, siempre busco señales de que estoy entrando en lugares que apoyan abiertamente y de forma proactiva las prácticas más seguras. Estas señales son uno de los primeros indicadores de que la cultura valora realmente la necesidad de proteger a las personas y que no tiene miedo de promover esos mensajes. Así que me pregunto, ¿hay una declaración de compromiso de prevención expuesta en algún lugar visible para todos, y no solo en el área donde se realiza el trabajo con niños? ¿Se publican los datos de contacto del coordinador de prevención? ¿Estos importantes puntos de información transmiten un enfoque abierto y acogedor para crear lugares más seguros que animen a la gente a plantear sus preocupaciones de forma adecuada? Para aquellos que han sufrido abusos, ya sean espirituales o de otro tipo –y en particular en el contexto de las iglesias o entornos religiosos–, estos mensajes son extremadamente importantes. Es probable que esto marque la diferencia entre si esas personas y sus familias continúan asistiendo o no, y si se sienten libres para desarrollarse o no.

Es mucho lo que está en juego. Si tenemos la capacidad de animar a quienes han sido heridos a permanecer con nosotros, ¿por qué no aprovecharíamos cualquier oportunidad para hacerlo? En su *bestseller* del *New York Times*, Ann Voskamp (2016, p. 28) sugiere que:

> "Cuando la Iglesia no es para los que sufren y están quebrados, entonces no es para Cristo. Porque Jesús, con su costado atravesado, siempre está del lado de los heridos".

En última instancia, el deseo de caminar con los heridos es un aspecto fundamental de nuestra fe cristiana. Me decepciona mucho cuando paso por algunos edificios eclesiásticos que hacen un excelente trabajo, y sin embargo no tienen ningún cartel o, lo que es peor, tienen uno de prevención antiguo, destartalado y obsoleto, en una zona con muy poca afluencia de público. ¿Comunica esto el mensaje correcto? Sospecho que lo que hace es convencer a la gente de que la práctica y las culturas más seguras realmente no existen. Debemos practicar lo que predicamos. Si no nos molestamos en mantener un conjunto actualizado de puntos de información que apoyen una cultura de "lugares más seguros", no estamos transmitiendo un mensaje que diga que "realmente" nos importa.

7.3. Simbolismo y mensajes: las cinco preguntas clave

1. ¿Los mensajes clave que comunicas –de manera verbal u otra forma– apoyan el desarrollo y el mantenimiento de culturas más seguras?

2. ¿Tienes claro dónde recae la rendición de cuentas y si se utiliza de manera que fomente el valor personal y la igualdad?

3. ¿Promueves un deseo activo de acoger a los heridos y a los vulnerables, y les ofreces un lugar seguro?

4. ¿Comunicas con claridad qué significa un "lugar seguro" para que todos entiendan qué se espera de ellos y qué pueden esperar para sí mismos?

5. ¿Es el compromiso de proporcionar lugares más seguros una parte integral de la cultura o el ADN de tu iglesia o agrupación?

La dinámica de poder: fomentar la igualdad y la responsabilidad

Antes de continuar, es importante reconocer que el poder existe en todo tipo de relaciones, grupos y comunidades (véase el cuadro 7.4). En su exploración del liderazgo y el poder, Kessler (2010, p. 535) comenta que la existencia del poder no es necesariamente un problema, siempre que se den un par de condiciones previas:

> "En la Biblia, el poder siempre está relacionado con la rendición de cuentas o la responsabilidad. Un líder debe rendir cuentas ante quienes le han confiado el poder y ante quienes se encuentran dentro de su esfera de influencia".

Cuando el poder no se controla ni cuestiona, y no hay sentido de responsabilidad, puede haber consecuencias desastrosas y dañinas. La clave es reconocer la oportunidad que tiene la dinámica del poder para crear desequilibrios que obstruyen y perjudican. La cita anterior de nuestra reciente investigación que utilizamos en los párrafos de "historias y comentarios" es igualmente aplicable a este contexto, en que consideramos la dinámica del poder. Idolatrar a los líderes y colocarlos en pedestales, como se menciona en el capítulo 6, no contribuye a crear una cultura abierta e inclusiva. Al hacerlo, generamos instantáneamente una asimetría de poder que tiene pocas posibilidades de ver a las personas como individuos que tienen el mismo valor. En el centro de toda forma de abuso hay un abuso de poder: una persona que con sus propias actitudes, valores y comportamientos anula la voluntad, la libertad de elección y el derecho a la integridad de otro, con consecuencias perjudiciales. En una cultura que valora a las personas y se toma en serio su desarrollo e igualdad, no hay lugar para dinámicas autoritarias, dictatoriales o basadas en el poder. El guía que fomenta la humildad y el respeto, y que desafía cualquier sensación de poder mal utilizado crea una cultura que profesa que todos tenemos el mismo valor. Al mismo tiempo, como ya hemos dicho, los mismos principios y condiciones se aplican a quienes forman parte de la organización y de su cultura. Asumir que el líder es siempre el único que tiene poder e influencia pasaría por alto que otros, dentro de una institución, comunidad o congregación, utilizan su poder e influencia de forma más sutil desde las filas. Todos debemos estar preparados para influir en las culturas de las que formamos parte para mejorarlas.

> "Definitivamente, en la Iglesia, hay un problema respecto de personas que reconocen el abuso y se hacen valer a sí mismas. Se necesita un proceso, un liderazgo y una cultura" (*O&H*).

En su increíble trabajo sobre la valentía y la vulnerabilidad, Brené Brown (2010) explora el valor del autoaprendizaje que se crea a través de nuestra voluntad de ser vulnerables. Se trata de un concepto extraordinariamente poderoso que se debe resguardar y ejercer con un compromiso real de respetar y proteger al otro:

> "Cultivamos el amor cuando permitimos que nuestro yo más vulnerable y poderoso se vea y se conozca profundamente, y cuando respetamos la conexión espiritual que surge de ese ofrecimiento con confianza, respeto, bondad y afecto".

La cultura que favorece esto –y que se compromete con derribar los muros de poder que amenazan este tipo de aprendizaje y de apertura– tiene la oportunidad de compartir en profundidad un valor raramente visto. Este no es un ejercicio que deba explorarse cuando no tenemos la certeza absoluta de que nuestras culturas están libres de dinámicas de poder mal utilizadas, que buscan socavar la igualdad. Las culturas más seguras y sanas cultivan el amor, el honor, el respeto, el crecimiento y el desarrollo, y acogen la diversidad y la igualdad como ricos componentes de esa cultura. Es importante que esto se dirija bien y que la búsqueda de estos elementos culturales sea evidente en el lenguaje, las actitudes y el comportamiento de los líderes, así como de los equipos y las asambleas.

> "Nuestra cultura en su conjunto debe aprender a escuchar e intentar comprender los puntos de vista de los demás, en lugar de recurrir inmediatamente a la indignación y a la ofensa solo porque alguien dijo algo que no nos parece" (*O&H*).

La forma en que se toman las decisiones suele ser también un indicador de cómo la cultura promueve la igualdad, la inclusión, la diversidad y la seguridad. La toma de decisiones conlleva intrínsecamente un grado de poder, especialmente cuando éstas afectan a otros. El poder ejercido sin ninguna responsabilidad es peligroso en cualquier contexto. Estar dispuesto a abrirse al escrutinio y al cuestionamiento es una marca de buen carácter y de reconocimiento de las propias limitaciones, debilidades y defectos. Tener esto como modelo en nuestros equipos y asambleas es un mecanismo positivo que ayudará a prevenir el mal uso de nuestro propio poder (y el de los demás) y a promover la igualdad de valores.

7.4. La dinámica del poder: las cinco preguntas clave

1. ¿Reconoces o podrías reconocer y discutir abiertamente la posibilidad de que la dinámica de poder crea desequilibrios perjudiciales en tu iglesia o agrupación?

2. ¿Desafías o puedes desafiar el desarrollo de dinámicas de poder autoritarias y dictatoriales en el liderazgo dentro de tu iglesia o agrupación?

3. ¿Los líderes de tu iglesia o agrupación fomentan y modelan la humildad y el respeto, y desafían cualquier comportamiento y actitud que impida una cultura de igualdad de valores?

4. ¿Se toman las decisiones de una manera que acoge los comentarios de otros y que fomenta una cultura de seguridad e inclusión?

5. ¿Ves actitudes, valores y comportamientos más seguros y sanos que se modelan y reproducen en toda la iglesia o agrupación?

Estructuras organizativas: ¿Estamos construyendo sobre los firmes cimientos de la cultura?

¿Recuerdas la película de 2013 *Aprendices fuera de línea*, protagonizada por Vince Vaughn y Owen Wilson? Es una gran comedia familiar que sigue las hazañas de dos vendedores, cuyas aspiraciones aparentemente delirantes de trabajar en una empresa tecnológica los lleva a postular a una pasantía en Google. Probablemente hay muchos comportamientos en la película que no son buenos ejemplos. Sin embargo, lo que más me llama la atención –afirma Justin– es que estos dos vendedores veteranos se encuentran en un entorno laboral totalmente contrario al que estaban acostumbrados. Son como peces fuera del agua, luchando por encontrar dónde y cómo encajar. A veces, es doloroso verlos como inadaptados de la generación X en un mundo impulsado por los *millennials*.

He visto la película varias veces. Lo que es sorprendente de la historia es que no solo muestra cómo logran afectar positivamente los aspectos de la cultura organizativa por ser diferentes, sino que además nunca queda claro cuál es la estructura organizativa (véase el cuadro 7.5). Todo fluye. Nunca se sabe a ciencia cierta quién rinde cuentas a quién o qué funciones desempeñan las personas. Lo más impactante es que, al final, nada de eso importa, porque todo es cuestión de cultura. El objetivo de la pasantía era determinar qué habilidades y talentos tenían estos alumnos en práctica, definir cómo interactuarían con los demás y, lo que es más importante, cómo contribuirían a los valores, la cultura y el propósito de la organización. Al final de la película, los dos personajes interpretados por Vaughn y Wilson son contratados gracias a su congruencia con los valores de la organización, y su archienemigo es rechazado. ¿Por qué lo rechazan? Si bien tenía las habilidades necesarias, sus tácticas y su ética de trabajo eran incompatibles con la cultura de trabajo de ese lugar. Era egocéntrico y egoísta y, desde luego, no sabía trabajar en equipo.

Esto no quiere decir que la estructura no tenga ninguna importancia. Tiene un papel clave en la forma en que interactúa y apoya la cultura. Cuando pensamos en la estructura, es probable que una serie de experiencias diferentes conformen nuestra percepción de si es algo bueno o malo. En realidad, todos necesitamos algún tipo de estructura ya que, sin ella, no hay sensación de orden ni comprensión de las expectativas o de los límites del comportamiento. La gran pregunta que hay que hacerse aquí es si nuestras estructuras organizativas ayudan al desarrollo de una cultura sana o a algo diferente, que puede ser perjudicial para los que están en ella o vinculados con ella.

> "Creo que algunas iglesias construyen una cultura que es espiritualmente abusiva, a menudo con las mejores intenciones" (*O&H*).

Llevo varios años trabajando con líderes de iglesias y organizaciones vinculadas con la Iglesia –cuenta Justin–, donde últimamente la prevención es la principal preocupación. La cuestión de las estructuras es un tema que se explora a menudo en el contexto del trabajo de consultoría que *Thirtyone:eight* ha realizado. Al considerar la idoneidad o la eficacia de las estructuras, siempre debemos preguntarnos: ¿qué es lo que estamos tratando de lograr? El objetivo de cualquier estructura es ser un vehículo para lograr el propósito y la cultura de la organización que sustenta. La finalidad puede ser la misión y la visión. También pueden ser los objetivos discretos de las áreas de servicio o ministerio. Sin embargo, como la cultura es algo mucho menos tangible, hay que dedicarle tiempo a considerar qué cultura deseamos antes de examinar la estructura que puede utilizarse para con ella. En otras palabras, la cultura deseada debe ser la base sobre la que se construye la estructura que, a su vez, conduce a los comportamientos que se esperan.

El debate en torno a los pros y los contras de las estructuras jerárquicas frente a las estructuras planas lleva décadas. En realidad, la responsabilidad siempre recae en algún lugar, y suele ser en un individuo o, en circunstancias excepcionales, en una pareja o un pequeño grupo. Sea cual sea la estructura de nuestras organizaciones, nunca debemos perder de vista la necesidad de una rendición de cuentas consensuada y transparente, tal y como se ha comentado anteriormente. Cuando los líderes dan el ejemplo, esto genera confianza en quienes los rodean. Esta necesidad de rendir cuentas dentro de las estructuras y entre ellas, puede demostrarse de muchas maneras dentro de las distintas estructuras. Procesos como la supervisión, el desarrollo del liderazgo, la evaluación del rendimiento, el *coaching*, la mentoría y otras oportunidades dentro de los acuerdos de gestión de línea son quizás algunas de las formas más obvias de hacerlo.

> "El abuso espiritual lo pueden ejercer una o más personas. Puede prosperar en la cultura de una iglesia por medio de los comportamientos y de las estructuras de autoridad existentes" (*O&H*).

¿Pero qué pasa con la forma de ver y apoyar la responsabilidad dentro de la estructura entre iguales? Fomentar este aspecto y proporcionar mecanismos para que los demás rindan cuentas es una forma eficaz de crear una expectativa compartida sobre nuestra forma de actuar. En la película, los alumnos en práctica se dividían en grupos para trabajar en proyectos y necesitaban constantemente controlarse unos a otros para no salirse del camino. Deberíamos preguntarnos constantemente –y entre nosotros– si lo que hacemos es congruente con nuestra cultura y los valores que la sustentan. La capacidad de cuestionar de forma constructiva las normas y expectativas tácitas, y el desarrollo de subculturas no oficiales es un ingrediente esencial para una cultura sana y una estructura de apoyo. La rendición de cuentas efectiva dentro de las estructuras consiste en asumir la responsabilidad individual y colectiva de mantener una mente y un cuerpo sanos. Esto no difiere de la forma en que normalmente abordamos y fomentamos el planteamiento de preocupaciones de protección o de cualquier otra naturaleza en diferentes contextos.

En mi trabajo, viajo regularmente en el metro de Londres –cuenta Justin–. Entre 2016 y 2017, la Policía de Transporte Británica llevó a cabo una campaña para promover la denuncia de delitos en el metro, en particular de terrorismo. El eslogan que apoyaba la campaña figuraba en carteles en los vagones de los trenes e invitaba a los pasajeros a reportar hechos sospechosos. Puede parecer una comparación extraña, pero los mismos principios se aplican a la cuestión de cómo las estructuras permiten que prosperen las buenas culturas y reducen la posibilidad de que se desarrollen actitudes y comportamientos espiritualmente abusivos. Si creamos mecanismos abiertos a todos –independientemente de qué lugar ocupemos en una estructura–, que nos permitan cuestionar y plantear inquietudes de forma constructiva, puede que se reduzca la ansiedad que sentimos por el poder mal gestionado dentro de nuestras estructuras. Se trata de demostrar un compromiso con la apertura y de promover activamente un desafío y un diálogo sanos. Como hemos comentado en el capítulo 2, la necesidad de crear entornos y culturas en los que sea aceptable, aunque no se fomente, el plantear preguntas y desafíos será clave para diluir el riesgo de que se desarrollen prácticas negativas. Hacer todo lo posible para evitar que ese "momento catalizador" (Oakley y Kinmond, 2013) se produzca es un objetivo digno en la lucha contra el abuso espiritual.

7.5. Estructuras organizativas: las cinco preguntas clave

1. Las estructuras organizativas de tu iglesia o agrupación, ¿apoyan el desarrollo y el mantenimiento de culturas y prácticas seguras y sanas?

2. ¿Tienes claro qué intentas conseguir con tus estructuras, reconoces el ejercicio apropiado y seguro del liderazgo dentro de esas estructuras?

3. ¿Cuenta tu estructura de liderazgo con mecanismos que fomenten y utilicen la discusión, el escrutinio, la rendición de cuentas y las miradas externas?

4. ¿El funcionamiento de la estructura modela y defiende una cultura segura y sana?

5 ¿Se ofrece a todas las personas con responsabilidades en tu iglesia o agrupación los niveles adecuados de apoyo a través de supervisión, desarrollo del liderazgo, evaluación del comportamiento, *coaching*, mentoría, etc.?

Sistemas de control: el frente de mal tiempo

Una mañana nevada estalló una tensión entre los miembros del equipo por la cuestión más trivial. Las personas no sabían si deberían tratar de llegar a la oficina o si, después de que habían tenido problemas para llegar, deberían simplemente regresar a casa en caso de que el clima empeorara durante el día. Mientras intentaba poner orden en el caos –cuenta Justin–, un miembro del personal me dijo que estaba siendo "controlador". Debo admitir que me sorprendió un poco este comentario. Había pedido que se eliminara cierta información interna sobre las inclemencias del tiempo, y podía parecer que esto fomentaba una toma de decisiones injusta por parte de un miembro del personal. Luego de reflexionar sobre esto, aprendí dos cosas: en primer lugar, que posiblemente la confusión y la incoherencia en las respuestas de los líderes al personal se debieron a que no teníamos una política operativa para hacer frente a la situación causada por el "mal tiempo". En segundo lugar, la persona que me hizo el comentario no sabía la diferencia entre ejercer control y ser "controlador", y había confundido ambas.

Los sistemas de control son necesarios en cualquier entorno operativo (véase el cuadro 7.6), ya que hacen que las cosas funcionen de forma clara para todo el mundo y establecen los parámetros de un proceso determinado. Los controles financieros son tal vez el ejemplo más sencillo: la persona que está a cargo del presupuesto no puede gastar más dinero del que está presupuestado. Si hay un gasto excepcional, hay que seguir un proceso y solicitar la aprobación por adelantado. Sin embargo, para que los controles sean eficaces y no se malinterpreten o para que no se abuse de ellos, deben estar claramente articulados y aplicarse de forma justa y equitativa a todos los que estén involucrados. Así pues, en el caso del "frente de mal tiempo", las dificultades se debieron a que las expectativas no estaban claras y, por tanto, la práctica se volvió incoherente. La sugerencia de que yo estaba siendo "controlador" surgió de la frustración por haber intentado –quizá de mala forma– resolver un problema que no tenía sistemas de control ni protocolos. En realidad, mi intención no era controlar. Estaba tratando de lograr una supervisión adecuada para evitar una escalada innecesaria del problema que había comenzado como un asunto trivial. Entonces, ¿cuál es la diferencia entre "ejercer control" y ser "controlador"? Esta es una pregunta importante que nos lleva al corazón de lo que hemos visto en tantos casos de supuesto abuso espiritual.

> "El abuso de la autoridad otorgada a un líder dentro de un rol espiritual se manifiesta típicamente en un comportamiento controlador, exigiendo lealtad más allá de lo razonable" (*O&H*).

En la cita anterior, de un participante de nuestra investigación en 2017, hay dos palabras clave que nos ayudan a entender cuándo el comportamiento puede considerarse controlador. Estas palabras son "exigencia" y "razonable". Si nuestras comunicaciones sobre las tareas, las responsabilidades o las respuestas de los demás se convierten en exigencias u órdenes (es decir, eliminan la posibilidad de elegir), en lugar de peticiones, y no se basan en expectativas razonables, entonces corremos el peligro de ser "controladores" en lugar de "ejercer control". Si alguna vez como líderes tenemos que dar una instrucción, debe haber una relación y un respeto suficientes para que justifiquen la necesidad de hacerlo, y deben registrarse las pruebas adecuadas para permitir la transparencia y la responsabilidad en tales situaciones. Está claro que a veces es un territorio complejo de navegar y generalmente hay un mar gris entre los puntos de claridad, por lo que es muy importante mantener la apertura y la voluntad de buscar asesoría externa y rendir cuentas. En última instancia, la prueba de fuego es saber cuándo corremos el riesgo de cruzar la línea entre ejercer control y ser controlador, y estar abiertos a que nos cuestionen si hemos cruzado la línea.

Así que, volviendo al ejemplo del "frente de mal tiempo", sugeriría que la prueba de si estaba ejerciendo un control adecuado o siendo "controlador" estaba en el contenido y la entrega de mi comunicación. De hecho, se trataba de una petición, no de una exigencia; por lo tanto, dejaba la puerta abierta a la discusión, que en este caso se produjo. Un indicador de control coercitivo es un patrón repetido de comportamiento que restringe o elimina la libertad. Esto suele combinarse con la falta de voluntad de la persona para ser cuestionadas y, si se da el caso, ofrecer una disculpa, cambiar de comportamiento e intentar remediar la situación con humildad y respeto. La creación de una cultura que invita, respeta y aprende adecuadamente de los desafíos y preguntas, es un factor importante para combatir la coerción y el control.

Tal como indica nuestra investigación más reciente, los patrones sostenidos de comportamiento controlador y coercitivo son indicadores significativos dentro del abuso espiritual. Esto no quiere decir que la existencia de estos dos indicadores signifique que se esté produciendo un abuso espiritual, sino que son factores a los que hay que prestar atención y considerar junto con otros cuando tratamos de identificar y responder bien a posibles casos.

7.6. Sistemas de control, las cinco preguntas clave

1. ¿Se ofrecen los objetivos y los procedimientos de forma clara y coherente para evitar confusiones o malas interpretaciones?

2. ¿Comprendes la diferencia entre una exigencia y una petición, para que el ejercicio de los sistemas de control no se convierta en algo coercitivo?

3. En situaciones complejas, ¿hay oportunidad y voluntad de buscar asesoría externa para dar una perspectiva imparcial?

4. ¿Observas patrones de comportamiento rígido, dogmático o controlador por parte de los líderes u otros?

5. ¿Crees que a las personas se les da una libertad genuina para tomar decisiones por sí mismas sobre asuntos que afectan sus vidas?

Ritual y rutina: "Aquí no nos gustan las ideas brillantes".

Como se ha descrito anteriormente, la forma de articular un comportamiento o una práctica aceptable o permisible es una parte esencial del compromiso que tiene una organización con la claridad y la transparencia. Si un nuevo participante de nuestra institución, como parte de una inducción, utiliza las formas y métodos de hacer las cosas declarados por nosotros, o si se utilizan como punto de referencia para un antiguo miembro de nuestro equipo, una práctica segura debe ser un objetivo bien establecido para todos (véase el cuadro 7.7).

Una de las mejores oportunidades que tenemos para aportar claridad y propósito a nuestras prácticas de trabajo es el grado de apertura con el que recibimos los comentarios de los recién llegados. ¿Cuántas veces el comentario inquisitivo o respetuoso de un nuevo miembro ha sido desestimado como una crítica o una falta de comprensión? Nunca debemos desestimar la "mirada fresca" con la que los recién llegados o los miembros del equipo se acercan a la organización en la que se encuentran.

> "La enseñanza teológica tenía un fuerte énfasis en las iglesias 'verdaderas' y 'falsas'. Nos habían enseñado que solo nuestro pastor podía interpretar verdaderamente las Escrituras" (*O&H*).

Al reflexionar sobre la forma en que fomentamos las nuevas ideas y las sugerencias sobre cómo podríamos hacer las cosas de manera diferente, me acuerdo de la vez que llegué a un nuevo cargo en la sede de una autoridad local –relata Justin–. La sede estaba en apuros porque acababa de ser inspeccionada por un organismo gubernamental que la había considerado inadecuada, le había aplicado "medidas especiales" y le había asignado un "equipo de mejora de desempeño". Muchos de los miembros del equipo directivo estaban llegando al final de sus carreras y llevaban muchos años en sus cargos. La función que asumí, tras una carrera de trabajo social con niños y familias, era la de ser responsable de la coordinación y la supervisión de una nueva iniciativa gubernamental para elevar los niveles de gestión y eficacia de los servicios infantiles. Mi nuevo jefe era una persona que llevaban tanto tiempo en su cargo que incluso podríamos haber construido la sede a su alrededor. Una figura paternal y ligeramente robusta, con un carácter tranquilo, llevaba unas gafas de media luna colgadas al cuello con un sujetador para no perderlas. En mis primeras semanas, empecé a ver algunas cosas en el lugar de trabajo que me llamaron la atención y que pensé que podía ayudar a mejorar para tener "victorias rápidas". Era joven y algunos dirán que un poco inmaduro en ese entorno estratégico. Tenía entre 20 y 30 años, era entusiasta y poseía una mentalidad capaz de resolver las situaciones que necesitaban mejorar rápidamente, por eso me contrataron. Recuerdo nuestra primera reunión de supervisión como si fuera ayer. Le expliqué a mi jefe –que parecía algo fastidiado– los problemas que veía y le propuse algunas soluciones. Antes de que me respondiera, se echó hacia atrás en su silla, se acomodó sus lentes y me miró por encima de ellos. Tras una breve pausa y con una sonrisa escéptica en el rostro, me dijo solemnemente: "Aquí no nos gustan las ideas brillantes, deberías guardártelas para ti". Ahí estaba, justo ahí, la actitud que resumía la cultura de ese lugar: cansado, derrotado y sin preparación para desafiar el *statu quo*. No hace falta decir que, en seis meses, se había ido y la autoridad estaba lentamente mejorando, sin él y los demás que compartían su visión de mundo.

Fue una oportunidad perdida y una falta de voluntad para ver las cosas con los ojos de alguien nuevo. Afortunadamente, en esta ocasión, no se produjo ningún daño real, aparte de quizás una pequeña marca temporal en mi orgullo y confianza en mí mismo. Como líderes y personas en puestos de influencia, debemos tener cuidado de asegurar que el ritual y la rutina de lo cotidiano no se arraigue tanto, que no nos encontremos tan incuestionablemente atados, que perdamos la oportunidad y el imperativo de pensar y comportarnos de manera diferente. La experiencia es muy importante y debemos aprovechar todas las oportunidades para aprender de ella, de modo que podamos minimizar el impacto de los factores negativos e incorporar los positivos.

Imaginemos lo que podría ocurrir si este escenario se desarrollara en el contexto de la creación de lugares seguros para las personas vulnerables en una iglesia local. Nuestras rutinas –las prácticas seguras– deben ser claras, estar bien articuladas y comunicadas, y ser objeto de revisiones periódicas para garantizar que siguen siendo eficaces. Si no estamos abiertos a un cierto grado de cuestionamiento, corremos el riesgo de perpetuar viejos hábitos y culturas que pueden estar perjudicando inadvertidamente o no a las personas a nuestro cuidado. Es responsabilidad de todos nosotros modelar actitudes y prácticas seguras y sanas para todos, y fomentar la contribución y el cuestionamiento de otros que puedan ver las cosas de manera diferente, tal como plantean Thrall, McNicol y McElrath (1999):

> "Necesitamos sentirnos seguros y apoyados como personas completas que tenemos cosas importantes que aportar a pesar de nuestras diferencias... Cuando los líderes crean una atmósfera de atención y preocupación, florecen la esperanza y la visión".

7.7. Ritual y rutina, las cinco preguntas clave

1. ¿Es clara y transparente la manera de formular un comportamiento o práctica aceptable dentro de tu organización?

2. ¿Son bienvenidas las reflexiones sobre las rutinas y prácticas de parte de los nuevos miembros en tu iglesia o agrupación?

3. ¿Son bienvenidas las reflexiones sobre las rutinas y prácticas de parte de los antiguos miembros en tu iglesia o agrupación?

4. ¿Revisas los rituales y rutinas de tu iglesia para que reflejen adecuadamente la cultura segura y sana que intentas mantener?

5. ¿Tus rituales y rutinas tienen en cuenta cómo pueden afectar a quienes son vulnerables?

8

¿Hacia dónde vamos?

"Seamos más abiertos a la hora de hablar de experiencias de abuso espiritual; cómo reconocerlo, qué hacer, a quién acudir cuando creemos que está ocurriendo. De lo contrario, la gente seguirá sufriendo en silencio" (*O&H*).

La dicotomía

A lo largo de este libro, hemos intentado guiarte en un camino como si estuviéramos atravesando por un laberinto. Al hacerlo, esperamos haber podido ayudarte a comprender la dicotomía de las culturas cristianas seguras y sanas, y la existencia del abuso espiritual que las amenaza. Reconocemos que la ausencia de uno no significa que el otro exista automáticamente. Sin embargo, durante los años que ambos llevamos trabajando en este ámbito, hemos visto que, cuando no hay culturas y prácticas seguras y sanas, aumentan las posibilidades de que se produzcan abusos de todo tipo. Esto puede incluir a veces – y quizás siempre, al menos en cierta medida– el abuso de naturaleza espiritual. Así que, en muchos sentidos, puede ser útil considerar el abuso espiritual como la antítesis de las culturas seguras y sanas. De ahí la dualidad del título del libro.

En este último capítulo, volvemos a esta analogía del laberinto al resumir los avances y las etapas del camino a través de él. Esperamos que esto vuelva a centrar la atención en las tareas que todos tenemos de crear culturas seguras y sanas dentro de nuestras iglesias, comunidades y organizaciones.

Entrar en el laberinto

En el primer capítulo de este libro describimos algunos de los sentimientos que podemos tener cuando nos encontramos en la entrada de un laberinto: miramos hacia dentro quizás con emoción, miedo, incertidumbre o incluso perplejidad. La tarea de atravesarlo puede suscitar todo tipo de pensamientos, sentimientos, emociones y recuerdos de experiencias pasadas. Reconocer esta variedad de posibles respuestas es importante, todas son igualmente válidas, nos impulsan de forma diferente y nos hacen tener distintas perspectivas sobre el camino que tenemos por delante.

A menudo, el primer paso es el más difícil. Para muchos, reunir el valor para adentrarse en el laberinto puede no ser lo que realmente quieren hacer. Es posible que tengan miedo de lo que van a encontrar, tanto en las iglesias u organizaciones de las que forman parte, como dentro de ellos mismos. Nos gustaría animarte a dar este paso y entrar en el laberinto. En cierto modo, si estás leyendo este libro, ya has dado ese primer paso. Después de todo, es poco probable que lo estés leyendo por casualidad. Por lo tanto, ya tienes algún tipo de interés en el tema. Gracias por tomarte el tiempo de explorar este camino con nosotros.

Mientras caminas por el laberinto de la comprensión, nos parece importante advertirte que puedes encontrar muchos callejones sin salida, innumerables caminos en círculo y múltiples rutas antes de encontrar finalmente la salida. Una cosa que es común a casi todos los laberintos es que solo hay una salida. Nadie entra en él con la intención de perderse, todos entramos y caminamos –o corremos– por los pasillos de paredes altas con el propósito de encontrarla salida. Cuando hacemos esto con el tema del abuso espiritual, necesitamos entrar con la misma determinación de encontrar la salida y no rendirse. Lo más importante es que, sin importar las dificultades, los desacuerdos y las diferencias de opinión, también debemos resistir la tentación de adelantarnos y recorrerlo solos. Si queremos tener éxito, no debemos olvidar que nuestra mayor amenaza es el miedo que nos envuelve a lo largo del camino, cuando descubrimos que nuestro espíritu de determinación no calza con nuestra capacidad de ver el camino.

Al reflexionar sobre mis propias experiencias infantiles de "correr por el laberinto" –cuenta Justin–, una de las cosas que probablemente me causó más dificultad fue intentar hacerlo solo. Mi espíritu competitivo y probablemente una malsana dosis de arrogancia juvenil –que me llevaba a pensar que podía hacerlo mejor, más rápido y de manera más inteligente que los demás– solían ser mi perdición. Esto es una trampa para las víctimas que intentan encontrar una salida, para los que posiblemente están dañando a otros, para los que buscan con sinceridad cómo no caer en actitudes y comportamientos dañinos, y para todos los que no se rodean de personas que los van a amar, ayudar y hacer que rindan cuentas por sus acciones.

> "No es un tema sencillo. El abuso se ha convertido en un término muy cargado, a menudo mal utilizado y, por tanto, desvirtuado. Creo que el abuso espiritual es real" (*O&H*).

Tal vez, si comenzáramos con una visión más realista del desafío que tenemos por delante, no estaríamos tan dispuestos a pensar que recorrer el laberinto será tan fácil. Seamos claros, ¡no es fácil! Hemos escrito sobre la comprensión emergente del abuso espiritual; cómo se descubre, cómo reaccionar y responder bien ante él, y cómo desarrollar estilos de liderazgo sanos y construir culturas sanas que ayuden a evitarlo. Como ya hemos dicho, este libro es probablemente el primero que se basa en años de trabajo con víctimas, sobrevivientes y causantes de abuso espiritual, y en la sólida investigación revisada por pares que han llevado a cabo los autores sobre el tema. Oramos para que lo que hemos escrito proporcione a los lectores las herramientas, los empodere y los anime a navegar por este laberinto con mayor confianza.

Evitar el caos

Es importante tener en cuenta que no todo el mundo tendrá la misma visión del camino para encontrar el centro y navegar por una ruta hacia la libertad. Esta estrategia en dos partes requiere que, primero, naveguemos hacia el centro para encontrar lo que hay ahí y, en algunos casos, alcanzar una posición elevada para obtener una visión de todo el laberinto, y luego navegar de vuelta hacia la salida. Encontrar lo que está en el centro –es decir, una comprensión más completa del abuso espiritual– es crucial para saber qué estrategias pueden funcionar para evitarlo o escapar de él. Por eso era importante que no te saltaras el inicio del libro. Los primeros cuatro capítulos hablan sobre navegar hacia el centro, y permiten comprender mejor qué es el abuso espiritual y qué impacto tiene sobre las personas.

> "La educación sobre el abuso espiritual es necesaria en todas las iglesias y organizaciones cristianas" (*O&H*).

Volviendo a mis recuerdos de infancia sobre los laberintos –puntualiza Justin–, otra cosa que siempre recuerdo es la creciente sensación de caos que sentía cuando la gente, joven o mayor, se desplazaba en todas las direcciones imaginables. Los pasadizos e intersecciones se congestionaban de manera que producía angustia cuando las personas se encontraban repetidamente con callejones sin salida y recorrían los recovecos sin éxito. Se escuchaba a la gente decir "ya pasamos por aquí" y "estoy muy confundido". Ambas afirmaciones son válidas mientras navegamos por este tema del abuso espiritual. Efectivamente, ya hemos pasado por esto. El abuso espiritual no es un fenómeno nuevo, el propio Jesús advirtió contra una interpretación y aplicación legalista, restrictiva e inalcanzable de la ley hace más de 2.000 años. También es muy confuso y requiere claridad y sabiduría. Hay tantos puntos de vista y perspectivas diferentes: ¿quién tiene razón y quién no? Esta es la clave, debemos entablar un diálogo y una reflexión que nos permitan comprender de manera colectiva. Tenemos que evitar que el caos nos distraiga y nos impida ser activos en la lucha contra la existencia de prácticas y culturas espiritualmente abusivas. Hay muchos que dirían que están en contra del abuso espiritual y que se comprometen a crear lugares más seguros, pero es importante poder evidenciar los esfuerzos y los progresos tangibles.

Reconocer los callejones sin salida

Ya sea que seamos víctimas o sobrevivientes del abuso espiritual o que estemos tratando de evitar que nuestras propias acciones sean dañinas, es importante que reconozcamos que los callejones sin salida que encontramos solo sirven para un propósito: frenarnos e impedir que encontremos la verdad o la libertad. Me recuerda el pasaje de Juan 8,32, donde Jesús habla sobre la libertad que se encuentra al conocer la verdad. Matthew Henry (2009) comenta que esta es la libertad respecto del miedo, la esclavitud, la corrupción espiritual, la formalidad y la costumbre. Si no llegamos al centro del laberinto, no descubriremos qué es lo que nos llevará a encontrar la salida.

Mientras atravesamos el laberinto del abuso espiritual, tenemos que entender que estos callejones sin salida existen. Las personas y las organizaciones tratarán de poner obstáculos ante nosotros que nos impidan avanzar. Algunos actuarán por malicia, otros por ignorancia, arrogancia o una perspectiva cegada. No prever estos actos sería tener una visión poco realista del mundo. Cuando nos encontramos en un callejón sin salida, en lugar de salir corriendo en busca de una ruta alternativa, tenemos que tomarnos el tiempo para reagruparnos y encontrar el apoyo de personas de confianza a nuestro alrededor para que nos guíen hacia adelante.

> "Tener un grupo de personas escogidas y formadas para apoyar tanto a la persona que da a conocer la información como a la que compartió el abuso" (*O&H*).

Efectivamente, hablar de confianza en estas situaciones es complejo, cuando pensamos en el impacto del abuso espiritual, como hemos comentado en el capítulo 4. Esto es muy importante y fue un hallazgo clave de la investigación realizada por Barbara Orlowski en su trabajo sobre la recuperación después del abuso espiritual. La necesidad de encontrar apoyo, ya sea dentro del contexto que está causando el daño o fuera de él, es esencial. Apoyar una experiencia confusa y conflictiva en un sentido de normalidad nos hace cuestionarnos si nuestra propia manera de ver es creíble:

> "La gente quiere naturalmente pensar que otros creyentes 'son buenos'. Se confunden cuando su experiencia de abuso o daño por parte de un individuo no coincide con la 'apariencia externa', por lo que se preguntan si se han equivocado y son ellos los que tienen la culpa, si son la persona mala". (Orlowski, 2010, p. 3)

Hablar de estos callejones sin salida es el primer paso para desarrollar nuestra estrategia de escape en caso de que sea necesario. Como en cualquier otra situación de prevención, el estímulo y la capacidad de compartir nuestras preocupaciones es fundamental para tratar el tema. Que se espere que haya silencio o secreto, como ya hemos dicho en el capítulo 3, es un indicador de una cultura que probablemente no sea capaz de evitar causar daño a las personas.

Aceptar las rutas en círculo

En muchas ocasiones, nos encontramos diciendo, "¿por qué tenía que ser tan difícil?". Nunca hay problemas que parezcan rápidos y fáciles de resolver. Esto es cierto en muchas situaciones; ya sea cuando tomamos decisiones sobre la decoración interna de los edificios de nuestra iglesia o cuando gestionamos la contratación de una nueva persona. En ambos escenarios, completamente diferentes, una cosa es probablemente cierta: tomar atajos no es el camino a seguir. A veces tenemos que aceptar que es poco probable que el camino más directo y rápido nos lleve a nuestro destino sin causarnos otras dificultades en el proceso. Si contratamos a la persona equivocada, porque hemos tomado atajos, el daño puede ser enorme y muy costoso, especialmente si trabajamos en un entorno con grupos vulnerables. El daño continuo que se genera al tomar decisiones rápidas y aisladas sobre la decoración de nuestros edificios puede causar muchos disgustos y pérdidas de tiempo que habrá que remontar después.

Hay muchos tipos diferentes de laberintos. Entre los más complejos se encuentran las "rutas en círculo". Se trata de caminos que, si se siguen, no hacen más que dar vueltas y vueltas para volver al mismo lugar. En algún momento hay que tomar la decisión de variar la ruta y explorar una nueva para salir del círculo. Si siempre hacemos lo mismo, siempre conseguiremos el mismo resultado. Esto también es cierto cuando se resuelven problemas y se encuentran nuevas formas de navegar por los problemas actuales o futuros, por ejemplo, cómo crear una cultura más segura y sana para evitar el abuso espiritual, o cómo evitar caer en la trampa de atrincherarse en dicha cultura como miembro del equipo o congregante. No hay que subestimar la frustración y el daño que puede causar la repetición de comportamientos, actitudes y culturas.

"Causar daño a una persona que queda impotente o atrapada" (*O&H*).

Muchas de las historias que Lisa y yo conocemos son de personas que, en esos entornos, han quedado atrapadas mucho tiempo después de haberse planteado sus primeras sospechas y preocupaciones. Simplemente terminaron sintiéndose impotentes o tan confundidas por lo que se les decía que casi se paralizaron y fueron incapaces de pensar en una ruta alternativa hacia la salida. Esto puede parecer una simplificación excesiva y posiblemente lo sea. Lo más importante es que para evitar comportamientos y culturas espiritualmente abusivos es necesario que la persona piense que puede haber un camino diferente, y que esté preparada para explorarlo antes de dar demasiadas vueltas en círculo. La tradición, la doctrina y la teología de la Iglesia son tan profundas como amplias... y esto es antes de que tengamos en cuenta las distorsiones y la manipulación de las Escrituras para justificar un régimen abusivo o coercitivo, como hemos explorado brevemente en el caso del difunto John Smyth, en capítulos anteriores. La respuesta a la pregunta "¿hay otra manera?" casi siempre será "¡sí!". Saber que es probable que haya caminos en círculo al iniciar la resolución de problemas nos ayudará, ya que acepta que hay múltiples formas de alcanzar un resultado.

Encontrar el centro

En el diagrama que utilizamos en el capítulo 1, representamos un "laberinto circular". Este tipo de laberinto tiene una entrada que es la misma que la salida. También tiene un punto central al que hay que llegar antes de dar la vuelta e intentar encontrar la ruta para escapar. Este es un punto realmente importante para navegar por el laberinto del abuso espiritual y crear culturas sanas. A menudo es posible que el camino que hayamos elegido nos lleve directamente a la salida sin antes llegar al centro. Aunque esto pueda parecer una estrategia aceptable, nos llevará a la salida sin que comprendamos completamente la situación. Si bien esto puede ayudar a corto plazo, no explorar la realidad del abuso espiritual y de las culturas sanas significará que no estamos tan bien equipados para volver a entrar en el laberinto, en caso de que tengamos que hacerlo en el futuro... lo cual, por cierto, es muy probable. Comprender esto es aceptar que es necesario examinar continuamente nuestros comportamientos, nuestro entorno y nuestra cultura para asegurarnos de que no se han introducido elementos no deseados mientras no mirábamos. Es un buen principio para trabajar en cualquier escenario o situación.

> "Creo que es un tema muy relevante e importante, que merece una reflexión personal y un debate público" (*O&H*).

Como se ha descrito anteriormente, el centro ofrece a menudo una posición elevada desde la cual examinar todo el laberinto antes de volver a la salida. El tiempo que nos tomemos para considerar esto, y para ver los callejones sin salida, las rutas en círculo, y la salida, probablemente determinará nuestra navegación exitosa y oportuna. Esto no quiere decir –a menos que tengamos memoria fotográfica– que nunca nos encontremos con callejones sin salida y caminos en círculo en la ruta de vuelta, pero podemos estar mejor preparados para ellos y seguramente sabremos que hay otro camino.

Llegar a la salida

Los segundos cuatro capítulos de este libro hablan de cómo navegar para salir del laberinto: mecanismos para prevenir, evitar y escapar. No hay mejor sensación que ver por fin la salida del laberinto, esa percepción de logro y alivio de haber salido por fin, después de haber pasado lo que sentiste que fueron horas dando vueltas. Esa sensación de libertad es lo que anhelan muchos de los que han quedado atrapados en entornos espiritualmente abusivos. Cuanto más tiempo se pasa buscando la salida, más difícil es verla. Incluso, a medida que pasa el tiempo, puede ser cada vez más difícil visualizar cómo es la meta o la salida. Debemos facilitar que la gente se acerque y encuentre una mano que le apoye y un oído que le escuche. En el capítulo anterior, sobre cómo responder bien a quienes se animan a contar sus experiencias de abuso espiritual, examinamos la importancia de la relación, los recursos y lo que las víctimas o sobrevivientes buscan como respuestas: entre ellas, aceptación, comprensión, empatía y que se les tome en serio.

> "Mi experiencia es que es posible experimentar abuso espiritual durante un período prolongado de tiempo sin darse cuenta" (*O&H*).

Para los que estamos en puestos de liderazgo, autoridad e influencia, la capacidad de ofrecer a la gente la posibilidad de elegir y la libertad de salir sin condiciones es una de las cosas más liberadoras y fortalecedoras que podemos hacer. No se trata de decir: "Ahí está la puerta, ya sabes lo que puedes hacer", sino más bien: "Si hay algo que te preocupa, por favor, dímelo y, si sigues preocupado, eres libre de no estar de acuerdo conmigo e irte con mi bendición". El desacuerdo es algo que la Iglesia no maneja bien... para nada bien. Nos peleamos y entramos en conflicto por cuestiones que nos distraen del hecho de que amamos y servimos al mismo Dios. El miedo al ridículo y a la deshonra pública es una de las fuerzas más poderosas que nos impiden dar voz a nuestras preocupaciones o diferencias. A menudo estamos atados por el miedo a "quedar fuera" si expresamos lo que podría ser una opinión controvertida. Si queremos capacitar a las personas para que sean libres y apoyarlas para encontrar la salida, debemos reconocer con mayor profundidad que, para aquellos que han sufrido abuso espiritual o de cualquier tipo, esto es extremadamente difícil y puede requerir un compromiso adicional para mostrar gracia y compasión.

Entonces, ¿por dónde empieza todo? ¿Cómo damos los siguientes pasos y a dónde vamos desde aquí?

Afrontar la incómoda realidad

Era evidente ver el dolor y la incomodidad en sus ojos, en su lenguaje corporal y en su dificultad para encontrar las palabras correctas... Como pastor de una iglesia urbana centrada en la comunidad –cuenta Justin–, estaba acostumbrado a enfrentarme a algunos de los desafíos más difíciles y complejos de la vida cotidiana de las personas: preocupaciones financieras, deshonestidad, fraude, enfermedades terminales, muerte, duelo, enfermedades mentales, relaciones extramatrimoniales, divorcio, abuso doméstico, abuso sexual, y la lista continúa.

Cuando la mujer se sentó frente a mí en mi despacho, pude sentir su angustia por lo que iba a contarme. Apenas se atrevía a hablar porque sentía una absoluta vergüenza y un desgarrador sentimiento de deslealtad. Se sentía obligada a explicar, sin ninguna razón defendible, la información que tenía sobre su hijo adulto y su atracción sexual por los niños. Lo quería mucho, pero al mismo tiempo, estaba hastiada y se sentía impotente para ayudarlo. Se había guardado todo esto durante mucho tiempo. Algunos dirán que incluso fue su cómplice porque no actúo cuando pudo haberlo hecho. Pero aquí estaba, frente a mí, ahora.

Esta madre se había dado cuenta de que su hijo representaba un riesgo real y presente para los que le rodeaban. Su propia experiencia de infancia lo había dejado dañado, traumatizado y con un sentido distorsionado de sí mismo. Había aprendido cómo era la vida a partir de sus propias experiencias sádicas y profundamente abusivas. Actuar de esta manera era normal para él, pero su madre no lo podía enfrentar más.

En la introducción de este libro, reconocimos que abordar el tema del abuso espiritual dentro de nuestras iglesias y organizaciones podría hacernos sentir incómodos. Al igual que esta madre, que tuvo que enfrentarse a la incómoda realidad del riesgo que suponía su hijo para los demás y de que, a partir de esta información, podría ser visto como un paria, enfrentar la realidad del abuso espiritual no es menos incómodo. De hecho, para muchos es un punto de inflexión, de no retorno.

En su libro, Marlene Hickin (2004, p. 33) sugiere que uno de los principales obstáculos para enfrentarse a la incómoda realidad del abuso en la Iglesia es el desarrollo de "una ingenuidad e idealismo malsanos que existen entre algunos cristianos, o grupos cristianos, porque son incapaces de enfrentarse a la desagradable y desconcertante realidad del abuso". En otras palabras, utilizamos todo tipo de excusas y justificaciones para convencernos de que todo está bien y va como estaba previsto, de modo que podemos eludir la necesidad de cuestionar la realidad de lo que tenemos delante.

> "Creo que no se da crédito a los temas de seguridad y protección, especialmente allí donde la Iglesia es responsable. Se subestiman y a menudo se asume que los abusos no son posibles. Creo que esto es miope, negligente e irresponsable" (*O&H*).

El tema del abuso espiritual dentro de la Iglesia no es diferente, hemos visto todo tipo de tácticas empleadas para negar la necesidad de cambio. Para algunos, se trata de centrarse exclusivamente en lo que es bueno y evitar lo malo, para otros, es centrarse en cuestiones como las definiciones y la terminología, sin comprometerse y enfocarse en la respuesta a los sobrevivientes y en la acción informada. Como descubrió Hickin, esta evasión se extenderá, incluso, al uso y mal uso de las Escrituras y la doctrina para construir un mundo en el que el abuso no requiere ser enfrentado o tratado en absoluto. Tales prácticas solo pueden sostenerse durante un tiempo antes de que la Iglesia deba despertar y pedir cuentas a los que prefieren evadir el tema por su negativa a poner a las personas en primer lugar. Refugiarse en una realidad falsa o virtual es negar el desgarro de la humanidad que nos rodea; aceptar este desgarro y todo lo que conlleva estaba en el corazón de la voluntad de Dios de enviar a su Hijo a la tierra. Como su Iglesia, ¡esta es nuestra misión!

¡Despiértate y huele el café!

Entonces, ¿a dónde vamos exactamente? Esperamos que no sea demasiado básico decir simplemente que la Iglesia necesita despertar y oler el café, como dijo uno de los encuestados al principio del libro. Pero, ¿qué es lo que hace que esta frase sea tan apropiada en este escenario? Los que me conocen sabrán que me gusta el café –cuenta Justin–, hasta el punto de que me han dicho que debería ser accionista de una conocida cadena de cafeterías del Reino Unido. Al utilizar esto como analogía, hay un sentido en el que debemos estar continuamente dispuestos a salir de nuestro camino para oler el nuevo tueste con el fin de discernir de dónde viene y cuáles son sus cualidades. En un sentido espiritual, nuestra toma de conciencia de nuestra dimensión espiritual es como un despertar. Como dijo De Mello (1990): "La espiritualidad significa despertar... A algunos nos despiertan las duras realidades de la vida... Despertar es desagradable... Es molesto que te despierten... Tiene que haber una actitud de apertura, de voluntad de descubrir algo nuevo". La cuestión es que, si seguimos ocupándonos de nuestros propios asuntos, como siempre lo hemos hecho, sin tener en cuenta lo que puede estar cambiando o sucediendo a nuestro alrededor, es probable que cuando nos encontremos con algo nuevo que no nos parezca bien, no estemos preparados para afrontarlo. ¿Estamos lo suficientemente despiertos para discernir la amargura del aroma que nos rodea cuando cambia?

> "El abuso espiritual es increíblemente sutil, no es visible en el exterior, y creo que muchas personas que lo experimentan no son conscientes de lo que les está sucediendo" (*O&H*).

En mis años de trabajo social apoyando a niños y a sus familias disfuncionales, sabía que reconocer que algo no está bien es el primer paso para progresar hacia un mejor funcionamiento –cuenta Justin–. Al igual que ocurre con los adictos que reconocen que tienen una adicción, se avanzará poco antes de que haya voluntad de afrontar el problema. Lo mismo ocurre con las iglesias y otras comunidades religiosas. A menudo utilizamos la analogía de que somos una familia, así que, ¿por qué debería funcionar de forma diferente el hecho de afrontar nuestros problemas dentro de la Iglesia? En su libro centrado en la recuperación del abuso espiritual, Orlowski (2010, p. 213) establece este mismo paralelismo:

> "Un factor crucial en el tratamiento de las familias disfuncionales es reconocer que hay una disfunción y que está dañando a los que forman parte de ella. Si hay una disfunción en la Iglesia, lo menos que podemos hacer es reconocerla. No reconocer esta disfunción será una comprensión poco realista de la Iglesia y agravará el problema".

Al reconocer la necesidad de aceptar que hay problemas dentro de la familia eclesial, es importante repetir que, aunque quizá se haya prestado una atención desproporcionada a los líderes como autores de las culturas abusivas en las iglesias, no son los únicos culpables. Del mismo modo, no siempre es el progenitor el que causa el daño en un escenario de maltrato intrafamiliar, otros miembros de la familia inmediata o de la familia extendida pueden tener un comportamiento dañino. El primer paso para comenzar el proceso de recuperación es el reconocimiento o la aceptación del problema o de los hechos.

Aceptar los hechos y pasar a la acción

Al enfrentarnos a esta incómoda realidad, primero debemos estar preparados para aceptar que somos un mundo fracturado, y por tanto una Iglesia quebrantada, y debemos reconocer los efectos de nuestro comportamiento negativo y dañino. Hace tiempo que soy partidario y beneficiario de las enseñanzas de la *Willow Creek Community Church* –precisa Justin–, una gran y conocida iglesia comunitaria de las afueras de Chicago, y en particular de las enseñanzas de liderazgo de su renombrada Cumbre de Liderazgo Global. Por eso me entristeció mucho que, mientras escribía este capítulo, salieran a la luz nuevas acusaciones y revelaciones de abuso y acoso tras la dimisión de Bill Hybels de la Iglesia. Las últimas acusaciones hechas por su antiguo asistente ejecutivo son más graves que las que se habían hecho anteriormente. Cuando digo más graves, no es para disminuir el impacto de las experiencias de acoso, agresión o abuso, sino para reconocer la eventual seriedad desde una perspectiva penal. A pesar de estas acusaciones, que han aumentado en naturaleza y volumen en los últimos meses, no hubo ninguna declaración aceptable y pública por parte de los ancianos de la iglesia antes de su renuncia en agosto de 2018. Tal declaración podría haber mostrado que aceptaban que podía haber verdad y credibilidad en las acusaciones hechas. Ciertamente no hubo una disculpa que llegara lo suficientemente lejos como para dar confianza a las víctimas, a los sobrevivientes y al mundo que observa, de que podría haber alguna garantía de que tales eventos no se repitan en el futuro. Por lo tanto, no les quedó más remedio que iniciar la dimisión que se produjo cuando se conoció la verdad.

> "Necesitamos que cada miembro de la Iglesia y los líderes eclesiásticos sean más conscientes de la posibilidad de que esto suceda y que estén dispuestos a afrontarlo cuando ocurra y a actuar con rapidez" (*O&H*).

El desafío es que la aceptación y el reconocimiento no se queden solo en eso. Se espera –con razón– que lo que venga después sea algún tipo de acción. Este es el momento de la verdad, cuando comienza el verdadero trabajo de entrar en comunión con los que están sufriendo y con los que hemos herido, como un solo cuerpo. Tenemos que abandonar todo sentido de nuestras propias necesidades o aquellas de las organizaciones que representamos para demostrar nuestro verdadero corazón y nuestras intenciones a aquellos a los que hemos dañado y vuelto vulnerables. No actuar con ese grado de apertura y voluntad de cambio no hace más que perpetuar el perjuicio, la angustia y el impacto continuo en las víctimas, ya sea emocional, psicológico, físico o espiritual.

Perder nuestra ignorancia

Al aceptar este principio, debemos estar preparados para ver este camino como lo que es. En primer lugar, se trata de extender el amor y la compasión de Dios a los heridos. En segundo lugar, reconocer que lo que estamos haciendo al entrar en esa interacción es bueno para nosotros y para el cuerpo de Cristo. Pero recordemos que, por muy doloroso y difícil que nos resulte enfrentarnos a estas situaciones, nuestro dolor y malestar son insignificantes al lado de lo que sienten quienes han sufrido a manos de sistemas espiritualmente abusivos. Del mismo modo, si no somos capaces de sentir una mínima parte de la angustia que han experimentado las víctimas y los sobrevivientes, no hemos conseguido ni siquiera vislumbrar el impacto que sus vivencias han tenido en ellos; en otras palabras, es esperable y entendible cierta angustia e incomodidad si queremos caminar junto a la gente en su sufrimiento.

"Hay que hablar abiertamente de este tema, pero hay que tratar a las víctimas con sensibilidad y en privado" (*O&H*).

Este principio se explicó de forma elocuente y poderosa hace más de 15 años en el llamado a la acción contra los abusos sexuales en la Iglesia que realizó *Churches Together in Britain and Ireland* (2002). Los autores afirmaron que, al abordar el problema de los abusos en la Iglesia, "no perdemos nuestra inocencia al adquirir ese conocimiento; perdemos nuestra ignorancia y somos más capaces de apoyar y formar parte del proceso de sanación" (p. 13). Lamentablemente, todavía queda mucho camino por recorrer antes de que veamos a la Iglesia en el Reino Unido adoptando esto de una manera que pueda verse en la práctica. A pesar de que se trata de un admirable llamado a la acción que se hizo hace tiempo, todavía no hemos visto el "nuevo amanecer para los sobrevivientes" (p. 13) que tanto anhelaban los autores. De hecho, antes de que pudiéramos abordar la cuestión del abuso sexual infantil dentro de la Iglesia, aparece el peligro emergente del abuso espiritual que entra por la puerta trasera y nos toma por sorpresa. Ahora tenemos la oportunidad de avanzar más rápidamente en la aceptación y el reconocimiento de la existencia y el impacto del abuso espiritual respecto de lo que hicimos con el abuso sexual o, más recientemente, con el abuso doméstico. ¡No perdamos más tiempo!

Para concluir, recordemos que este libro tiene dos mitades que enfrentan un doble potencial. Primero, que reconozcamos y respondamos bien a los que han experimentado abuso espiritual, y aprendamos a tratar el daño y el perjuicio que se ha causado. En segundo lugar, que nos centremos en un futuro en el que las comunidades cristianas puedan ser seguras y sanas; en el que los individuos puedan florecer y vivir su fe de manera positiva.

¡Todos podemos contribuir a que esto sea una realidad!

Apéndice

Más información, en inglés, en el sitio de *Thirtyone:eight*

Visita: https://thirtyoneeight.org

@Thirtyoneeight

Bibliografía

1. El cuadro emergente del abuso espiritual

Baxter, R. (1981) *The Reformed Pastor*. Edinburgh: Banner of Truth.

Blue, K. (1993) *Healing Spiritual Abuse – How to Break Free from Bad Church Experiences*. Westmont, IL: InterVarsity Press.

Davis-Weir, Y. (2015) *Spiritual Abuse: Learning and overcoming spiritual abuse in the church and home*. Bloomington, IN: WestBow Press.

Diederich, F. R. (2017) *Broken Trust: A practical guide to identify and recover from toxic faith, toxic church, and spiritual abuse* (The Overcoming Series: Spiritual Abuse, Book 4). CreateSpace Independent Publishing Platform.

Duncan, M. (2017) *A Word of Encouragement*, <www.goldhill.org/ sermons/et170723-a-word-of-encouragement-pm/>

Dupont, M. (2004) *Toxic Churches: Restoration from spiritual abuse*. Tonbridge: Sovereign World.

Enroth, R. (1993) *Churches That Abuse*. Grand Rapids, MI: Zondervan.

—   (1994) *Recovering from Churches That Abuse*. Grand Rapids, MI: Zondervan.

Johnson, D., and VanVonderen, J. (2005) *The Subtle Power of Spiritual Abuse: Recognizing and escaping spiritual manipulation and false spiritual authority within the Church*. Bloomington, MN: Bethany House Publishers.

Oakley, L. (2009) 'The Experience of Spiritual Abuse in the UK Christian Church', a doctoral thesis. Interdisciplinary Studies, Manchester Metropolitan University.

Oakley, L., and Kinmond, K. (2013) *Breaking the Silence on Spiritual Abuse*. Houndmills, Basingstoke: Palgrave Macmillan.

—   (2014) 'Developing Safeguarding Policy and Practice for Spiritual Abuse', *The Journal of Adult Protection*, 16/2, pp. 87–95. doi.org/10.1108/JAP-07-2013-0033.

Oakley, L., Kinmond, K., and Humphreys, J. (2018) 'Spiritual Abuse in Christian Faith Settings: Definition, Policy and Practice Guidance', *The Journal of Adult Protection*, 20/3–4, pp. 144–54, doi.org/10.1108/JAP-03-2018-0005.

Plowman, E. E. (1975) 'The Deepening Rift in the Charismatic Movement', *Christianity Today*, pp. 65–6.

2. El problema de la definición, ¿de qué estamos hablando?

Blue, K. (1993) *Healing Spiritual Abuse – How to Break Free from Bad Church Experiences.* Westmont, IL: InterVarsity Press.

Davis-Weir, Y. (2015) *Spiritual Abuse: Learning and overcoming spiritual abuse in the church and home.* Bloomington, IN: WestBow Press.

Department for Children, Schools and Families (2006) *Working Together to Safeguard Children: A guide to inter-agency working to safeguard and promote the welfare of children.* HMGO.

—   (2018) *Working Together to Safeguard Children.* HMGO.

Diederich, F. R. (2017) *Broken Trust: A practical guide to identify and recover from toxic faith, toxic church, and spiritual abuse* (The Overcoming Series: Spiritual Abuse, Book 4). CreateSpace Independent Publishing Platform.

Evangelical Alliance (2018) *Reviewing the Discourse of 'Spiritual Abuse': Logical Problems and Unintended Consequences*, <www.eauk.org/ current-affairs/media/press-releases/upload/Reviewing-the-Discourse-of- Spiritual-Abuse.pdf>, consultado el 28 de enero de 2018.

Gebotys, R. J., O'Connor, D., and Mair, K. J. (1992) 'Public Perceptions of Elder Physical Mistreatment', *Journal of Elder Abuse and Neglect*, 4/1–2, pp. 151–71.

Giovannoni, J. M., and Becerra, R. M. (1979) *Defining Child Abuse.* New York: The Free Press.

Kandiah, K. (2018) 'Does the Church's First Spiritual Abuse Verdict Give Critics a New Weapon?' *Christianity Today*, <www.christiani-tytoday.com/ct/2018/january-web-only/spiritual-abuse-church-england-guilty-verdict-ccpas-survey.html>, consultado el 21 de febrero de 2018.

Nelson, S. (2015) *Spiritual Abuse: Unspoken crisis.* Temecula, CA: Geeky Christian.

Norman-Walker, A. (2018) 'Spiritual Abuse – A Pandora's Box?' *ViaMedia. News*, <http://viamedia.news/2018/01/28/spiritual-abuse-a-pandoras-box/>, consultado el 20 de febrero de 2018.

Oakley, L. (2009) 'The Experience of Spiritual Abuse in the UK Christian Church', a doctoral thesis. Interdisciplinary Studies, Manchester Metropolitan University.

— (2017) 'Understanding Spiritual Abuse: Coercive Control in a Religious Setting', a keynote address at the 'Bridging the Gap' National Safeguarding Coordinators Conference in Coventry, UK, CCPAS (now *Thirtyone:eight*).

— (2018) 'Understanding Spiritual Abuse', *Church Times*, 16 de febrero <www.churchtimes.co.uk/articles/2018/16-february/comment/opinion/understanding-spiritual-abuse>, consultado el 17 de feb. de 2018.

Oakley, L., and Kinmond, K. (2013) *Breaking the Silence on Spiritual Abuse.* Houndmills, Basingstoke: Palgrave Macmillan.

— (2014) 'Developing Safeguarding Policy and Practice for Spiritual Abuse', *The Journal of Adult Protection*, 16/2, pp. 87–95.

Stibbe, M. (2018a) 'Savage Fathers: John Smyth and Spiritual Abuse', *Church of England Newspaper*, 16 de agosto, <www.churchnewspaper.com/52014/archives>.

— (2018b) In discussion on 'The Sunday Programme', BBC Radio 4, 19 de agosto de 2018, <www.bbc.co.uk/programmes/b0bfx4vd>.

Ward, D. J. (2011) 'The Lived Experience of Spiritual Abuse', *Mental Health, Religion and Culture*, 14/9, pp. 899–915.

3. ¿Cuáles son las características principales del abuso espiritual?

Appleton, J. (2003) 'Spiritual Abuse', *Christianity and Renewal*, June, pp. 22–5.

Arterburn, S., and Felton, J. (2001) *Toxic Faith: Experiencing healing from painful spiritual abuse.* Colorado Springs: WaterBrook Press.

Benyei, C. R. (1998) *Understanding Clergy Misconduct in Religious Systems: Scapegoating, family secrets and the abuse of power.* New York: Haworth Pastor Press.

Chrnalogar, M. A. (2000) *Twisted Scriptures: Breaking free from churches that abuse.* Grand Rapids, MI: Zondervan.

Davis-Weir, Y. (2015) *Spiritual Abuse: Learning and overcoming spiritual abuse in the church and home.* Bloomington, IN: WestBow Press.

Diederich, F. R. (2017) *Broken Trust: A practical guide to identify and recover from toxic faith, toxic church, and spiritual abuse* (The Overcoming Series: Spiritual Abuse, Book 4). CreateSpace Independent Publishing Platform.

Enroth, R. M. (1994) *Recovering from Churches That Abuse.* Grand Rapids, MI: Zondervan.

Evangelical Alliance (2013) *Life in the Church?: A snapshot of the beliefs and habits of evangelical Christians in the UK.* London: EA.

Farrell, D. P., and Taylor, M. (2000) 'Silenced by God – an examination of unique characteristics within sexual abuse by clergy', *Counselling Psychology Review*, 15/1, pp. 22–31.

Home Office (2015) *Statutory Guidance Framework: Controlling or coercive behaviour in an intimate or family relationship.* Home Office.

Janis, I. L. (1972) *Victims of Groupthink: A psychological study of foreign policy decisions and fiascoes.* Boston, MA: Houghton Mifflin Company.

Johnson, D., and VanVonderen, J. (1991) *The Subtle Power of Spiritual Abuse: Recognizing and escaping spiritual manipulation and false spiritual authority within the Church.* Bloomington, MN: Bethany House Publishers.

— (2005) *The Subtle Power of Spiritual Abuse: Recognizing and escaping spiritual manipulation and false spiritual authority within the Church.* Bloomington, MN: Bethany House Publishers.

Oakley, L. (2009) 'The Experience of Spiritual Abuse in the UK Christian Church', a doctoral thesis. Interdisciplinary Studies, Manchester Metropolitan University.

— (2018) 'Understanding Spiritual Abuse', *Church Times*, 16 February, <www.churchtimes.co.uk/articles/2018/16-february/comment/opinion/understanding-spiritual-abuse>, consultado el 17 de feb. de 2018.

Oakley, L., and Kinmond, K. (2013) *Breaking the Silence on Spiritual Abuse.* Houndmills, Basingstoke: Palgrave Macmillan.

Parsons, S. (2000) *Ungodly Fear: Fundamentalist Christianity and the abuse of power.* Oxford: Lion.

Stibbe, M. (2018) 'Savage Fathers: John Smyth and Spiritual Abuse', *Church of England Newspaper*, 16 de agosto, <www.churchnewspaper.com/52014/archives>.

4. ¿Cómo te hace sentir? Explorar el impacto del abuso espiritual

Blue, K. (1993) *Healing Spiritual Abuse – How to Break Free from Bad Church Experiences.* Westmont, IL: InterVarsity Press.

Crossman, K. A., Hardesty, J. L., and Raffaelli, M. (2016) 'He Could Scare Me without Laying a Hand on Me': Mothers' Experiences of Nonviolent Coercive Control during Marriage and after Separation', *Violence against Women*, 22/4, pp. 454–73.

Diederich, F. R. (2017) *Broken Trust: A practical guide to identify and recover from toxic faith, toxic church, and spiritual abuse* (The Overcoming Series: Spiritual Abuse, Book 4). CreateSpace Independent Publishing Platform.

Duncan, M. (2017) *A Word of Encouragement*, <www.goldhill.org/ sermons/et170723-a-word-of- encouragement-pm/>.

Howard, R. (1996) *The Rise and Fall of the Nine O'Clock Service: A cult within the Church?* London: Mowbray.

Moscovici, S. (1984) 'The Phenomenon of Social Representations', in R. M. Farr and S. Moscovici (eds), *Social Representations*, Cambridge: Cambridge University Press.

Oakley, L., and Kinmond, K. (2013) *Breaking the Silence on Spiritual Abuse*. Houndmills, Basingstoke: Palgrave Macmillan.

Parish-West, P. (2009) 'Spiritual Abuse within the Judaeo Christian Tradition: Implications for Practice', unpublished thesis: <www.urc5.org.uk/ system/files/Full%20MA%20dissertation%20of%20Spiritual%20Abuse% 20%202009.pdf>, consultado el 23 de mayo de 2013.

Parsons, K. (2000) *Ungodly Fear: Fundamentlist Christianity and the abuse of power.* Oxford: Lion.

Peppiatt, G. E. (2007) 'Integrating Shame, Christianity and Cognitive Behavioural Psychotherapy: A Hermeneutic Study', unpublished thesis, MEd Counselling, University of Derby.

Schultz, P. N., Remick-Barlow, G. A., and Robbins, L. (2007) 'Equineassisted Psychotherapy: A Mental Health Promotion/Intervention Modality for Children Who Have Experienced Intra-family Violence', *Health and Social Care in the Community*, 15/3, pp. 265–71.

Skedgell, K. (2008) *Losing the way: A memoir of spiritual longing, manipulation, abuse, and escape.* Richmond, CA: Bay Tree Publishing.

Von Buseck, C. (2012) *Beware of Spiritual Abuse*, <www.spiritualfootsteps. com/beware-of-spiritual-abuse/>, consultado en septiembre de 2018.

5. Responder bien a las confesiones de abuso espiritual

Abugideiri, S. (2018) *Understanding Spiritual Abuse*, August 2018, <http://muslimlink.ca/in-focus/muslim-spiritual-abuse-salma-abugideiri>.

Allnock, D., and Miller, P. (2013) *No One Noticed, No One Heard: A study of disclosures of childhood abuse.* London: NSPCC.

Arterburn, S., and Felton, J. (2001) *Toxic Faith: Experiencing healing from painful spiritual abuse.* Colorado Springs: WaterBrook Press.

Blue, K. (1993) *Healing Spiritual Abuse – How to Break Free from Bad Church Experiences.* Westmont, IL: InterVarsity Press.

Bodie, G. D., Vickery, A. J., and Gearhart, C. C. (2013) 'The Nature of Supportive Listening I: Exploring the Relationship between Supportive Listeners and Supportive People', *International Journal of Listening*, 27, pp. 39–49, doi:10.1080/10904018.2013.732408.

Carkhuff, R. R. (1972) *The Art of Helping.* Amherst, MA: Human Resource Development Press.

Church House Publishing (2017) *Forgiveness and Reconciliation in the Aftermath of Abuse*, <www.churchofengland.org/sites/default/files/2017-10/forgivenessandreconciliation_0.pdf>.

Drew, D. (2014) *Little Stories of Life and Death @NHSWhistleblower.* Kibworth, Leicestershire: Matador. Graystone, A. (2018) 'We Asked for Bread but You Gave Us Stones', <http://abuselaw.co.uk/wp-content/uploads/2018/02/Stones-not-Bread.pdf>.

Hershkowitz, I., Lanes, O., and Lamb, M. E. (2007) 'Exploring the Disclosure of Child Sexual Abuse with Alleged Victims and Their Parents', *Child Abuse and Neglect*, 31/2, pp. 111–23.

Jensen, T. K., Gulbrandsen, W., Mossige, S., Reichelt, S., and Tjersland, O. A. (2005) 'Reporting Possible Sexual Abuse: A Qualitative Study on Children's Perspectives and the Context for Disclosure', *Child Abuse and Neglect*, 29, pp. 1395–413.

Johnson D., and Van Vonderen, J. (2005) *The Subtle Power of Spiritual Abuse: Recognizing and escaping spiritual manipulation and false spiritual authority within the Church.* Bloomington, MN: Bethany House Publishers.

Kandiah, K. (2018) *Faitheism: Why Christians and atheists have more in common than you think.* London: Hodder & Stoughton.

Lemaigre, C., Taylor, E. P., and Gittoes, C. (2017) 'Barriers and Facilitators to Disclosing Sexual Abuse in Childhood and Adolescence: A Systematic Review', *Child Abuse and Neglect,* 70, pp. 39–52.

McElvaney, R., Greene, S., and Hogan, D. (2011) 'Containing the Secret of Child Sexual Abuse', *Journal of Interpersonal Violence,* 27, pp. 1155–75.

MACSAS (2010) 'The Stones Cry Out', <www.macsas.org.uk/MACSAS_SurveyReportMay2011.pdf>.

Meyer, S. (2016) 'Still Blaming the Victim of Intimate Partner Violence? Women's Narratives of Victim Desistance and Redemption When Seeking Support', *Theoretical Criminology,* 20/1, pp. 75–90.

Münzer, A., Fegert, J. M., Ganser, H. G., Loos, S., Witt, A., and Goldbeck, L. (2016) 'Please Tell! Barriers to Disclosing Sexual Victimization and Subsequent Social Support Perceived by Children and Adolescents', *Journal of Interpersonal Violence,* 31/2, pp. 355–77.

Myhill, A. (2015) 'Measuring Coercive Control: What Can We Learn from National Population Surveys? *Violence against Women,* 21/3, pp. 355–75.

Nemec, P. B., Spagnolo, A. C., and Soydan, A. S. (2017) 'Can You Hear Me now? Teaching Listening Skills', *Psychiatric Rehabilitation Journal,* 40/4, pp. 415–17, doi:10.1037/prj0000287.

Oakley, L. R., Fenge, L.-A., Bass, S., and Humphreys, J. (2016) 'Exploring the Complexities of Understanding Vulnerability and Adult Safeguarding within Christian Faith Organisations', *The Journal of Adult Protection,* 18/3, pp. 172–83.

Oakley, L., and Kinmond, K. (2013) *Breaking the Silence on Spiritual Abuse.* Houndmills, Basingstoke: Palgrave Macmillan.

—   (2014) 'Developing Safeguarding Policy and Practice for Spiritual Abuse', *The Journal of Adult Protection,* 16/2, pp. 87–95.

Oakley, L., Kinmond, K., and Humphreys, J. (2018) 'Spiritual Abuse in Christian Faith Settings: Definition, Policy and Practice Guidance', *The*

Journal of Adult Protection, 20/3–4, pp. 144–54, doi.org/10.1108/JAP-03-2018-0005.

Oakley, L., Kinmond, K., Humphreys, J., and Dioum, M. (2017) 'Practitioner and Communities' Awareness of CALFB: Child Abuse Linked to Faith or Belief', *Child Abuse and Neglect*, 72, pp. 276–82.

Palmer, S. E., Brown, R. A., Rae-Grant, N. I., and Loughlin, M. J. (1999) 'Responding to children's disclosure of familial abuse: What survivors tell us', *Child Welfare*, 78/2, pp. 259–82.

Reitsema, A. M., and Grietens, H. (2015) 'Is Anybody Listening? The Literature on the Dialogical Process of Child Sexual Abuse Disclosure Reviewed', *Trauma, Violence and Abuse*, 17/3, pp. 330–40.

Staller, K. M., and Nelson-Gardell, D. (2005) 'A Burden in Your Heart: Lessons of Disclosure from Female Preadolescent and Adolescent Survivors of Sexual Abuse', *Child Abuse and Neglect*, 29, pp. 1415–32.

6. El desafío de un liderazgo auténtico

Bailey, M. (2013) 'Self-Awareness: What Are the Benefits of "Knowing Thyself"?' in J. C. Reynolds and K. Takamine (eds) (2013) *Authentic Leadership: After God's own heart*. CreateSpace Independent Publishing Platform.

Barrington, S., and Luetchford, R. (2019) *Leading – The Millennial Way*. London: SPCK.

Buckingham, M. (2017) *Reinventing Performance Management: An address to the Global Leadership Summit, 2017*. Chicago, IL: Willow Creek Association.

Byler, J. (2014) *The Heart of Christian Leadership: Learning to lead with the character of Jesus*, 3rd edn. India: LeadersServe/Authentic Books.

Cordeiro, W. (2010) *Leading on Empty: Refilling your tank and renewing your passion*. Bloomington, MN: Bethany House Publishers.

Covey, S. R. (1992) *Principle-Centered Leadership*. New York: Simon & Schuster.

Finzel, H. (1998) 'Creating the Right Leadership Culture' in G. Barna (ed.) (1997) *Leaders on Leadership: Wisdom, advice and encouragement on the art of leading God's people.* Grand Rapids, MI: Baker Books.

Hayford, J. W. (1997) 'The Character of a Leader' in G. Barna (ed.) (1997) *Leaders on Leadership: Wisdom, advice and encouragement on the art of leading God's people.* Grand Rapids, MI: Baker Books.

Houston, B. (2015) *Live, Love, Lead: Your best is yet to come.* London: Hodder & Stoughton.

McIntosh, G. L., and Rima, S. D. (1997) *Overcoming the Dark Side of Leadership: How to become an effective leader by confronting potential failures.* Grand Rapids, MI: Baker Books.

Miller, B. (2013) *Three Leadership Benefits of Self-Reflection,* Executive Velocity, <www.executive- velocity.com/benefits-of-self-reflection/>.

Munroe, M. (1993) *Becoming a Leader: Everyone can do it.* Lanham, MD: Pneuma Life.

Murphy, D. (2017) *Emerging Leadership: The challenges you will face and how to overcome them.* Independently published.

Reynolds, J. C. (2013) 'Transformational Leadership' in J. C. Reynolds and K. Takamine (eds) (2013)

Authentic Leadership: After God's own heart. CreateSpace Independent Publishing Platform. Roberts, V. (2011) *True Spirituality.* Westmont, IL: InterVarsity Press.

Sanders, J. O. (2007) *Spiritual Leadership: Principles of excellence for every believer.* Chicago, IL: Moody Publishers.

Tozer, A. W. (1962) 'The Reaper' in J. O. Sanders, *Spiritual Leadership* (2007), p. 459. Chicago, IL: Moody Publishers.

Washatka, J. (2013) 'Moral Leadership: Is Authentic Leadership a Panacea for Our Leadership Crisis?' in J. C. Reynolds and K. Takamine (eds) (2013) *Authentic Leadership: After God's own heart.* CreateSpace Independent Publishing Platform.

Yoder, K. E. (2015) *Healthy Leaders: Expand your leadership with a clear sense of identity and direction*, 3rd edn. Leola, PA: Teaching the Word Ministries.

7. Crear culturas más seguras y entornos más sanos

Brown, B. (2010) *The Gifts of Imperfection: Let go of who you think you're supposed to be and embrace who you are.* New York: Simon & Schuster, p. 40.

Johnson, G., Scholes, K., and Whittington, R. (2008) *Exploring Corporate Strategy: Text and cases*, 8th edn. Harlow: Pearson Education.

Kessler, V. (2010), 'Leadership and Power', *Koers*, 75, pp. 527–50.

Morgan, C. (2010) *Only You Can Do This: Breaking the stranglehold of secrecy.* Swanley, CCPAS, <www.amazon.co.uk/Only-You-Can-Do-This/dp/1907438009 >.

Oakley, L., and Kinmond, K. (2013) *Breaking the Silence on Spiritual Abuse.* Houndmills, Basingstoke: Palgrave Macmillan.

Spencer-Oatey, H. (2012) *What is Culture? A compilation of quotations.* GlobalPAD Core Concepts/University of Warwick, UK.

Stanley, A. (2013), *Defining your Organizational Culture*, The Andy Stanley Leadership Podcast, July.

Thirtyone:eight. Staying Safe and Secure, un folleto que resume 10 normas de prevención para entornos religiosos, publicado por *Thirtyone:eight*, <https://thirtyoneeight.org/ media/2122/stayingsafeandsecure.pdf>.

Thrall, B., McNicol, B., and McElrath, K. (1999) *The Ascent of a Leader: How ordinary relationships develop extraordinary character and influence.* New York: Jossey-Bass Leadership.

Voskamp, A. (2016) *The Broken Way: A daring path into the abundant life.* Grand Rapids, MI: Zondervan.

8. ¿Hacia dónde vamos?

Churches Together in Britain and Ireland (2002) *Time for Action: Sexual abuse, the Churches and a new dawn for survivors*. CTBI.

De Mello, A. (1990) *Awareness: The perils and opportunities of reality*. Grand Rapids, MI: Zondervan. Henry, M. (2009) *Commentary on the Whole Bible*. Peabody, MA: Hendrickson Publishers.

Hickin, M. (2004) *Uncomfortable Reality: Abuse, the Bible and the Church*. CCPAS Publications.

Orlowski, B. (2010) *Spiritual Abuse Recovery: Dynamic research on finding a place of wholeness*. Eugene, OR: Wipf & Stock.

Recursos

Textos sobre el abuso espiritual

Blue, K. (1993) *Healing Spiritual Abuse – How to Break Free From Bad Church Experiences*. Westmont, IL: InterVarsity Press.

Davis-Weir, Y. (2015) *Spiritual Abuse: Learning and overcoming spiritual abuse in the church and home*. Bloomington, IN: WestBow Press.

Diederich, F.R. (2017) *Broken Trust: A practical guide to identify and recover from toxic faith, toxic church, and spiritual abuse* (The Overcoming Series: Spiritual Abuse, Book 4). CreateSpace Independent Publishing Platform.

Johnson, D., and VanVonderen, J. (2005) *The Subtle Power of Spiritual Abuse; Recognizing and escaping spiritual manipulation and false spiritual authority within the Church*. Bloomington, MN: Bethany House Publishers (trad. española, *El sutil poder del abuso espiritual. Cómo reconocer y escapar de la manipulación espiritual y de la falsa autoridad dentro de la iglesia*. Editorial Vida, Miami 2010).

Oakley, L., and Kinmond, K. (2013) *Breaking the Silence on Spiritual Abuse*. Houndmills, Basingstoke: Palgrave Macmillan.

— (2014) 'Developing Safeguarding Policy and Practice for Spiritual Abuse', *The Journal of Adult Protection*, 16/2, pp. 87–95, doi.org/10.1108/JAP-07-2013-0033.

Oakley, L., Kinmond, K., and Humphreys, J. (2018) 'Spiritual Abuse in Christian Faith Settings: Definition, Policy and Practice Guidance', *The Journal of Adult Protection*, 20/3–4, pp.144–54, doi.org/10.1108/JAP-03-2018-0005.

Ward, D. J. (2011) 'The Lived Experience of Spiritual Abuse', *Mental Health, Religion and Culture*, 14/9, pp. 899–915.

Publicaciones en español

Aldana Valenzuela R., 'Nota sobre conciencia y autoridad', Estudios Eclesiásticos, 95 (2020) 383–414.

Borgoño C. – C. Hodge, 'El abuso de conciencia. Primera aproximación a un problema emergente', La Revista Católica, 1207 (2020) 69–73.

De la Fuente E., 'Es de noche y grito... ¡cómo grito!', in C. Del Río (ed.), *Vergüenza: Abusos en la Iglesia Católica*, Santiago: Ediciones Universidad Alberto Hurtado 2020, 17–38.

Francisco, *Carta a los Señores Obispos de Chile tras el informe de S.E. Mons. Charles J. Scicluna* (8 de abril de 2018); *Documento entregado por S.S. Francisco en la Santa Sede a los Obispos de Chile* (15 de mayo de 2018); *Carta a los Obispos de Chile al término de los encuentros en El Vaticano* (17 de mayo de 2018); *Al Pueblo de Dios que peregrina en Chile* (31 de mayo de 2018). Disponibles en La Revista Católica 1.198 (abril - junio 2018), en línea: revistacatolica.ecrm.cl

Idalsoaga A., 'Abuso de poder. Aprendizajes y desafíos', La Revista Católica, 1206 (2020) 76–80.

Idalsoaga A., 'Los desafíos del abuso de poder', Anuario de la Asociación Chilena de Derecho Canónico, 6 (2020) 9.

Johnson, D., and VanVonderen, J., *El sutil poder del abuso espiritual. Cómo reconocer y escapar de la manipulación espiritual y de la falsa autoridad dentro de la iglesia*. Miami: Editorial Vida 2010.

Martínez J., 'Entrevista a Josefina Martínez, por M.S. Herrera Fernández', La Revista Católica 1199 (2018) 261–274.

Mifsud T., 'La conciencia: ¿Dónde poner límites?', in C. del Río (ed.), *Vergüenza: Abusos en la Iglesia Católica*, Santiago: Ediciones Universidad Alberto Hurtado 2020, 191–210.

Murillo J.A., 'Abuso sexual, de conciencia y de poder: una nueva definición', Estudios Eclesiásticos, 95 (2020) 414–440.

Undurraga Matta, J., 'Control Mental Destructivo: El enemigo invisible', Psiquiatría y Salud Mental, 33 (2016) 164–177.

Pontificia Universidad Católica de Chile

Fundación Para la Confianza

www.cuida.uc.cl